Ouvrage dirigé par Christophe Absi
Collection dirigée par Jean-Loup Chiflet

département de Hugo et Compagnie
38, rue La Condamine, 75017 Paris
www.hugoetcie.fr

La plupart de ces nouvelles sont parues
dans le mensuel *Fluide Glacial*.

ISBN : 9782351640845
Dépot légal : août 2009

Bruno Léandri

Ne pas gêner l'ouverture automatique des portes

Nouvelles

Chiflet&Cie

SOM

AIRE

Histoire du PDG qui ne savait pas planter un clou

Jamais le Président n'avait regardé un clou. Son regard allait toujours trop haut, trop loin, trop vite. Quand on s'occupe du destin des hommes, on n'a pas de temps à perdre avec un clou. Dès son enfance, le Président avait son avenir tracé, il portait les responsabilités dans la peau comme d'autres des angiomes. Il était arrivé sur terre pour commander ses semblables, pour prendre des grandes décisions, pour élaborer les stratégies qui dépassent de loin les petits destins individuels, les destins de ceux qui s'occupent des clous.

Toute sa vie n'avait été que la transcription d'un programme. Des études brillantes, toujours à la tête des groupes. Une jeunesse tendue vers l'élite, consacrée au travail et à l'étude, sans dérive, où les seules minutes abandonnées étaient vouées au sport. Des jeux absents ou simples répliques de ses combats futurs, des amours furtives, bâclées, sacrifiées d'avance à des unions tactiques.

Depuis son plus jeune âge, le Président avait été entouré de gens chargés pour lui des trivialités de l'existence. Domestiques, secrétaires, factotums, conseillers. Quand on s'occupe des maisons de tout le monde, on ne pense pas à sa maison ; quand on commande une armée, on ne balaye pas la caserne. Le Président ne savait pas faire la cuisine, n'avait jamais regardé pousser une fougère, n'avait jamais fait des courses au marché. Sauf pour les photographes. Il en est ainsi des gens qui volent trop vite et trop haut. D'aucuns disent qu'il en faut.

C'était un banal clou en ferraille de quatre centimètres de long. Comment était-il arrivé là ? L'oubli d'un ouvrier ou autre, toujours est-il que le Président l'avait senti sous ses doigts, coincé le long du sous-main en cuir d'Ukraine. Il l'avait posé devant lui, au milieu de l'immense bureau en teck, et l'examinait depuis déjà dix minutes. Consternés, les directeurs attendaient en silence, figés dans leurs fauteuils ; le Président semblait les avoir oubliés. Quand il ouvrit la bouche, les quatre collaborateurs sursautèrent.

– C'est incroyable, Biglot, dit-il. N'aviez-vous jamais remarqué comme un clou avait une forme parfaite ?

– C'est-à-dire que… non, monsieur le Président.

– C'est simple, c'est précis, maximum d'efficacité pour un minimum de dépense, ça marche depuis des siècles. Et pourtant, combien d'études, d'essais, de tâtonnements ont-ils dû être nécessaires pour trouver l'exacte proportion entre le corps et la tête, l'exact alliage de métal ?

– Certainement beaucoup, M. le Président. Puis-je vous rappeler que nous devons rendre une décision rapide concernant la proposition Brodet ?

– Alvarez, avez-vous déjà planté un clou ?

L'interpellé se tortilla sur sa chaise.

– Euh… oui, monsieur le Président ! Enfin… dans ma maison de campagne, quand je bricolais, mais maintenant je n'ai plus le temps et…

– Je n'ai jamais planté un clou, dit le Président en rapprochant l'objet de son nez. J'ai baisé les plus belles filles, je suis monté dans les plus belles voitures, j'ai acheté les plus beaux avions, mais je n'ai jamais planté un clou. Alvarez, allez me chercher un marteau.

Les directeurs échangèrent des regards éberlués, puis Alvarez se leva.

Ce ne fut pas facile. Alvarez dut descendre au service entretien qui disposait de toutes les perceuses portables et tournevis électroniques, mais n'utilisait plus de marteau. Le chef de service demanda au sous-chef, qui interrogea son adjoint, lequel lui répondit par une mine d'ignorance, mais il ajouta que Dimitri, le préposé aux poubelles qui détordait parfois les grilles du parking, pouvait en avoir un. Le directeur bondit dans le local des poubelles avec une grimace pour l'odeur et des contorsions d'acrobate pour ne pas salir son costume, et demanda un marteau à ce Dimitri dont il ignorait même l'existence. Il rejoignit enfin l'étage présidentiel, où le boss l'attendait avec des signes d'impatience.

– Donnez-moi ça !

Le président posa le clou au milieu de son bureau en teck et commença à taper dessus sous les yeux effarés des directeurs qui connaissaient le prix du meuble. Il s'arrêta après quelques coups vigoureux : le clou, lamentablement tordu, n'était rentré dans le bois que de quelques millimètres.

Le président invita ses subordonnés à juger du résultat.

– Vous voyez ? Je n'y arrive même pas. Je peux licencier du jour au lendemain cinq mille personnes, un seul mot de moi peut faire chuter durablement la bourse, mais je ne peux pas planter un clou.

– Permettez-moi d'essayer, proposa Alvarez.

– Il ne s'agit pas de vous, Alvarez, dit sèchement le dirigeant. Il s'agit de moi. Allez me chercher une boîte de clous de la même taille.

Là, on dut envoyer un garçon de bureau se fournir au bazar du coin. Et un quart d'heure plus tard, le président s'était écrasé trois fois les doigts et venait de tordre son vingtième clou sur le plateau de teck, désormais irrécupérable.

Intriguée par le vacarme, la secrétaire de cabinet avait ouvert la porte après avoir frappé trois fois. Elle fut accueillie par des vociférations :

– Fermez cette porte ! Qu'on ne me dérange sous aucun prétexte !

Elle referma avec frayeur. Elle n'avait jamais vu le patron dans cet état. Dans le bureau, les directeurs affolés se consultaient du regard. Le Président avait fermé la porte à clé et était monté à quatre pattes sur le bureau où il tordait un autre clou.

– Enfin, c’est intolérable ! s’écria-t-il. C’est bien dans du bois que se plantent les clous ? Non ? Bannister ! Qu’en pensez-vous ?

– Je… je ne sais pas, monsieur le Président, dit Bannister en sueur. Peut-être que ce bois est trop dur…

– Bien. Alors nous allons procéder par élimination. Les clous s’enfoncent-ils dans le verre ?

Il se dirigea vers une des grandes baies vitrées qui séparaient son bureau d’un magnifique panorama urbain. Il posa le clou au milieu de la vitre et donna un coup violent. La vitre Sécurit éclata en millions de fragments.

– Donc, ça ne se plante pas dans le verre. Alors essayons le métal ! cria le Président en secouant les bouts de verre pris dans ses cheveux gris.

Il se dirigea vers la conduite d’eau des radiateurs. Le troisième coup de marteau fit jaillir un jet d’eau brûlante du tuyau tordu.

– Arrêtez, monsieur le Président ! implora Alvarez. Vous allez vous blesser !

– Le plastique, alors ?

Il se rua vers sa console téléphonique, mais Alvarez s’interposa.

– Non, monsieur le Président. C’est branché sur le secteur, vous pourriez provoquer un accident grave.

Le dirigeant lui jeta le même regard qui avait fait plier le monde entier.

– Essayez de m’en empêcher et je vous éclate la gueule, petit merdeux !

Et il planta le clou dans la console, laquelle se brisa dans une gerbe d'étincelles accompagnée d'une fumée grisâtre. Alors Bannister, pris d'une inspiration subite, arracha un coin de moquette et montra le plancher.

– Essayez ici, monsieur le Président. C'est du sapin !

À grands coups réguliers, le dirigeant enfonça le clou dans le bois tendre avec une véritable volupté. Il bavait un peu. Puis il se releva en titubant.

– J'y suis arrivé ! Vous avez vu ? J'y suis arrivé ! Jusqu'à la tête ! Apportez moi la boîte !

Tout occupé à clouter le plancher avec de petits couinements de plaisir, le Président n'entendit pas qu'on forçait la porte. Le service de sécurité écarta le personnel avant de pénétrer dans le bureau dévasté, suivi du directeur général Brodet.

– Qu'est-ce qui s'est passé ? cria celui-ci pour couvrir les coups de marteau.

– Je ne sais pas, bafouilla Biglot. Il s'est mis à regarder un putain de clou et voilà…

– Il a disjoncté, dit Alvarez en tremblant de tous ses membres.

– Appelez un médecin ! commanda Brodet en contemplant son supérieur avec une tristesse feinte alors qu'au fond de lui éclatait le triomphe de cette victoire inespérée. Le changement futur de l'organigramme serait obligatoirement en sa faveur. À genoux, le Président enfonçait clou sur clou en chantonnant une chanson d'enfant.

Dans l'obscurité de l'atelier voisinant le local à poubelles, le Président par intérim appela doucement :

– Dimitri, vous êtes là ?

– Ah, c'est vous, m'sieur Brodet.

– Incroyable, le coup du clou : ça a marché ! C'est de la haute sorcellerie, n'est-ce pas ? J'avais tout essayé, les sorts, l'envoûtement, et vous, avec un simple clou… Vous êtes un maître, je m'en suis douté rien qu'à vous voir.

– C'était pour vous rendre service, m'sieur Brodet. Mais y a pas de magie, vous savez : quand on vit trop longtemps au sommet, on a le mal de l'altitude. Il suffit parfois d'un petit caillou pour tomber.

– Dites-moi ce que vous voulez, Dimitri, vous l'aurez !

– Oh rien, je suis très bien où je suis. Ou plutôt, si : j'aurais besoin d'un O'Cédar neuf pour nettoyer mes poubelles, le mien est tout usé.

– D'accord, Dimitri. C'est quoi, un O'Cédar ?

Histoire du crémier qui se faisait du beurre sans en faire un fromage

Armel Gonthier était crémier au 117 de l'avenue de la République, à Asnières. Dans sa conception assez simple des choses de ce monde, la répartition entre le bien et le mal suivait une ligne bien claire. C'était, d'un côté, l'image de vaches, de chèvres et de brebis broutant heureuses et prospères dans l'herbe grasse, et de l'autre, la prolifération des grandes surfaces qui cassaient les coûts et les goûts, remplaçaient l'amour du travail par l'appât du gain, le saint-marcellin du terroir par des crèmes plâtreuses en plastique, aidés par l'âpreté perverse des inspecteurs du fisc. Monsieur Gonthier, pour qui les intellectuels étaient une espèce utile mais dont il convenait de se méfier, ne considérait comme indispensable à l'existence que les valeurs élémentaires du travail douze heures par jour, de l'honnêteté, et de la régularité des moisissures sur les croûtes de chèvre en bûche. Le reste ne le concernait pas. En fait, il n'avait le temps de penser à rien d'autre qu'à ses stocks et à la satisfaction de sa clientèle, ce qui lui permettait d'ailleurs de survivre encore plutôt bien que mal dans les difficultés grandissantes du petit commerce.

Ça commença par un signe si anodin qu'il aurait été extrêmement difficile de le déceler : la prolongation des conversations de ses clientes. La clientèle de Gonthier était principalement féminine, et en dehors des heures de bourre où une petite queue se formait devant son comptoir, il prêtait toujours une oreille accueillante au bavardage de ses acheteuses qui essentiellement lui racontaient leur vie. Pendant ce temps, il continuait à travailler, et confiait parfois en souriant à sa femme que ça remplaçait avantageusement son transistor car tant qu'à faire, il préférait les histoires vraies aux publicités idiotes, et il économisait les piles.

Madame Leurquin était une cliente aisée, affligée comme bien d'autres de tourments familiaux, physiques et sentimentaux dont elle faisait généreusement part à qui voulait l'entendre. Or, elle remarqua un jour que de tous ceux qui l'écoutaient ou qui faisaient semblant, c'était avec son crémier que ses confidences lui faisaient le plus de bien. Quand elle était restée un quart d'heure à raconter ses malheurs à monsieur Gonthier, elle ressortait de la boutique le cœur plus léger. D'où une tendance à prolonger ces entretiens, qu'elle efforçait de justifier par un achat de fromages accru. L'un dans l'autre, le crémier s'y retrouvait, mais le problème c'est que d'autres clientes semblèrent d'un seul coup partager la même impression et monsieur Gonthier avait de plus en plus de mal à interrompre les flots épanchatoires.

Disait-il : « Bon, c'est pas le tout, j'ai mon frigo à nettoyer », que la cliente embrayait aussi sec : « Oh, j'ai oublié ! Donnez moi aussi 200g d'emmental râpé et un ou deux de ces petits cabecous. Et alors, vous savez ce qu'ils lui ont demandé, à l'hôpital, à mon mari ? » Et c'était reparti pour dix minutes.

Un soir, Armel Gonthier s'en ouvrit à sa femme : « Je sais pas ce qu'elles ont en ce moment, y a plus moyen de les faire décoller de la boutique. Elles ont toujours aimé tchatcher chez moi, mais à ce point là, j'ai jamais vu... Tiens, Mme Leurquin est restée vingt minutes ! Et après, la mère Sabovic : un quart d'heure !

– Mais est-ce qu'elles achètent, au moins ?

– Ça, oui ! Elles n'ont jamais acheté autant de fromage, je comprends pas. Même la mère Nordine qui est toujours fauchée, elle me liquide toutes les promos !

– Alors de quoi tu te plains ?

– Mais faut qu'elles causent ! Si je les écoute pas, elles achètent rien. Et puis, à ce rythme-là, je vais devoir refuser du monde, je peux pas passer une heure avec chacune ! Et tu sais quoi ? Mme Paturel a engueulé la mère Nordine parce qu'elle était restée trop longtemps et que c'était chacun son tour ! C'est incroyable, non ? Et puis y'a autre chose qui m'inquiète.

– Quoi encore ?

– J'ai l'impression qu'elles se refilent le mot. Aujourd'hui, y en a trois que je connaissais pas qui m'ont raconté leurs histoires de fibromes, de mari infidèle et de fille délurée.

– C'est que tu leur fais confiance. Si elles achètent, qu'est-ce que ça peut te faire ?

C'est un fait que dans le quartier, l'histoire du gentil crémier à qui ça soulageait tant de raconter ses malheurs, parcourut plus d'un palier. De plus en plus de ménagères vinrent raconter leurs problèmes de plus en plus intimes au pauvre artisan de plus en plus intimidé, et qui écoutait en silence. Il n'avait rien à dire, rien à faire, juste à écouter, les clientes ressortaient chargées de fromages et allégées de douleurs physiques et morales. Certaines y voyaient l'effet d'une compassion exceptionnelle, d'autres commençaient à subodorer un miracle.

La crémerie ne désemplissait plus du matin au soir. Ce n'est d'ailleurs pas l'expression exacte, car en fait le magasin restait vide, les clientes n'entrant plus qu'une à la fois. Comme si elles avaient tacitement compris qu'on était plus à l'aise seule avec le crémier pour évoquer ses tourments personnels, elles attendaient sur le trottoir, trouvant mille prétextes aux exhortations du commerçant, faisant mine de discuter entre elles ou de regarder un magazine. Et dès qu'une cliente sortait, une autre entrait. Pire que tout, si un passant étranger au quartier ou ignorant du protocole prétendait pénétrer dans le magasin, elles n'hésitaient pas à l'en empêcher :

– Non mais dites donc, attendez votre tour, vous voyez pas qu'il y a la queue ?

– Mais y a personne, y a qu'un client ! s'étonnait le passant éberlué.

– Et nous, on est personne ? criaient les ménagères. Ici, on fait la queue dehors, et si vous êtes pas content, c'est le même prix !

En général, l'importun n'insistait pas. Quand le patron s'en aperçut, il devint furieux. Mais que dire à des clientes qui lui laissaient plusieurs fois par semaine des 40-50 € d'addition pour un quart d'heure de bavardage ?

Le crémier était de plus en plus mal à l'aise. Lui qui ne se posait jamais de questions, n'arrêtait plus d'en poser tous les soirs à sa femme : « Qu'est-ce que c'est, une descente ? Et tu crois que c'est possible qu'une fille soit amoureuse de son père ? Et qu'est-ce qu'il se passe exactement à la ménopause ? Et à partir de quel âge une femme peut faire l'amour ? Et jusqu'à quel âge ?

– Ton tort, disait sa femme que le gonflement substantiel des comptes hebdomadaires rendait bienveillante, c'est que tu les écoutes. Tu devrais pas les écouter. Tu les laisses parler, c'est tout. Tu m'écoutais, moi ?

– Tu me parlais jamais !

Ce fut Mme Leurquin qui mit les pieds dans le plat. Le matin où elle rentra chez elle avec cinq camemberts, trois saint-nectaire et deux kilos de mimolette, et qu'elle ouvrit le frigo pour y retrouver les quinze camemberts, les vingt crottins et les dizaines de fromages divers des courses précédentes qu'elle n'arrivait pas plus à écouler qu'à manger vu qu'elle vivait seule, elle décida de sauter le pas. Le lendemain, à la fin de son quart d'heure d'épanchement, elle demanda au crémier s'il avait du chester.

– Ah ça, j'en ai jamais fait, dit-il. Non, j'en ai pas.

– Eh bien j'en prends un kilo, dit-elle en laissant un billet de 50 € sur le comptoir avant de tourner les talons.

Comme il protestait, elle lui dit simplement :

– Cher monsieur Gonthier, quand je vous parle, vous m'apportez un soulagement inimaginable sur des choses qui ne se voient pas. Je peux bien vous acheter un fromage qui n'existe pas.

Comme c'était logique, le crémier ne protesta pas, mais au moment où sa cliente s'apprêtait à partir, il dit d'un air éperdu :

– Mais si je ne vends plus de fromage, qu'est-ce que je vais devenir ? Les fromages, c'est ma vie ! Vos histoires, j'en ai rien à foutre !

La subtile Mme Leurquin comprit qu'elle avait été trop loin et trop vite.

– Alors, ce qu'il y a, c'est que vous ne vendez pas vos fromages assez cher, voilà. Tenez, ces pellardons, vous pourriez les vendre 45 € pièce avec un petit quart d'heure de conversation.

– Mais ce serait du vol !

– Toute peine mérite salaire. Croyez-moi : votre oreille est plus précieuse que vos fromages, il faut la faire payer. Votre clientèle est prête à de grands sacrifices pour ne pas vous perdre.

La pratique se généralisa et c'est ainsi que Gonthier devint le crémier le plus cher de toute la région parisienne, avec des camemberts à 50 € ou du bleu d'Auvergne à 300 € le kilo. Il continuait à garder sa clientèle fauchée, mais ne donnait que dix minutes d'entretien pour dix grammes de râpé à 65 € le kilo.

Jusqu'au jour où un étranger entra après avoir pris son tour dans la queue. Soigné et distingué, sa petite barbe et ses lunettes trahissaient la profession libérale intellectuelle. Il acheta pour 250 € de tome de Savoie (100 g) et éclata en sanglots sur le comptoir.

– Je suis psychanalyste ! hoqueta-t-il. Depuis six mois, mes clients se moquent éperdument de mes compétences ! Tout ce qu'il veulent, c'est vider mon frigo sous prétexte que je fais bien la cuisine. À peine sont-ils allongés sur le divan qu'ils trouvent n'importe quel prétexte pour filer vers la cuisine et finir mes restes, c'est insupportable ! Si je refuse, ils ne reviennent plus !

– Comme c'est curieux…

– Tout ça, c'est à cause des grandes surfaces, répondit l'homme en se mouchant. Les gens ne savent plus où ils en sont.

– Allons, ce n'est peut-être pas aussi simple, dit Gonthier. Mais pourquoi ne les laissez-vous pas faire ? Où est le problème ?

– À deux mille balles de l'heure, ils trouvent qu'il payent trop cher une omelette aux champignons. Ils me font de plus en plus de réflexions, j'en peux plus !

– Il vous reste vingt minutes. Racontez-moi tout, dit Gonthier.

Histoire du vieux scientifique qui guettait fébrilement une fissure dans un barrage

Tous les jours, le vieux s'arrêtait sur la route à l'entrée du barrage, allait s'accouder quelques minutes sur la rambarde de la terrasse panoramique; ses yeux parcouraient lentement l'ensemble de l'ouvrage, suivaient la courbe du parapet à quelques mètres au-dessus de l'eau, et s'arrêtaient sur la cabine de surveillance. Puis, il quittait son observatoire, traversait la route et s'engageait sur le petit sentier qui descendait au fond de la vallée. Tous les dix mètres, il s'arrêtait pour reprendre sa respiration, et son regard examinait chaque parcelle de l'immense paroi de béton. Arrivé au torrent, il franchissait la petite passerelle sans même jeter un œil à la tumultueuse sortie des turbines, et remontait la pente de l'autre côté en prenant son temps, avec un arrêt tous les dix mètres encore plus long. Arrivé en haut, il retraversait le barrage en empruntant la route, et rentrait chez lui.

– Tous les jours ?

Le jeune posa ses jumelles sur le bord de la console, et regarda la silhouette du vieux qui se dandinait dans le lointain.

– Tous les jours, répondit le chef. Même en hiver, c'est à croire qu'il tombe jamais malade. Il fait partie du paysage. Et avec ça, une ponctualité… Quand tu le vois partir, tu sais qu'il reste vingt minutes avant la relève de l'équipe.

– Et pourquoi il fait ça ?

– C'est un ancien ingénieur d'Hydro France, Sansonnet m'a raconté. Sansonnet, c'est l'adjoint au directeur, tu le connaîtras, il est sympa. Alors, le vieux, il bat la campagne depuis qu'on l'a mis à la retraite. Mais déjà avant, il déraillait, c'est pour ça qu'ils l'ont viré, d'ailleurs. Paraît qu'il avait une carrière irréprochable, puis un jour, il s'est mis à diverger…

Un jour… Un jour à 14 h 35 précises, Edmond n'était pas près de l'oublier. Ce jour-là, un dimanche après manger, vaguement assoupi, il prenait le soleil dans le jardin, tandis que sa femme Paulette faisait la vaisselle. C'est alors que son regard avait effleuré le banc sur lequel il était assis. Et s'était fixé sur un endroit précis, à mi-chemin entre l'accoudoir et sa cuisse.

Il était assis, trois ans plus tôt, devant le chef de projet, dans l'immense salle de réunion. Les ingénieurs de son groupe venaient de quitter les lieux après le briefing quotidien concernant le barrage de Carrans, chantier sur lequel ils travaillaient en ce moment, et son supérieur poussait vers lui un énorme dossier.

– Edmond, les gars des Études ont vraiment analysé ton truc en détail et ça les a pas convaincus…

– Mais les tests ! avait protesté Edmond. Sans test, on peut rien dire !

– Pour un truc comme ça, il leur faudrait beaucoup plus de temps qu'ils n'en ont. Et puis le fait que t'es pas chimiste, ça joue. Ils ont du mal, faut comprendre. C'est un peu comme si un pharmacien se mêlait de tes calculs de résistance.

Pourtant, Edmond était si convaincu. Il n'y avait pas l'ombre d'un doute. Passionné de chimie, il avait mis au point une molécule complémentaire des silicates qui donnait au ciment une micro-souplesse, augmentant sa résistance aux vibrations. Ce simple petit additif au béton aurait donné aux patrons de l'entreprise de construction hydroélectrique pour laquelle il travaillait une avance considérable sur la concurrence. Des barrages avec une résistance accrue de 10 à 20 % face aux secousses sismiques ou aux déformations de terrain. Mais tous les services étaient restés sourds. Il avait tenté de forcer toutes les portes du haut en bas de la hiérarchie, on ne le prenait pas au sérieux, et son chef de projet venait de mettre un terme à la dernière de ses tentatives. C'est juste après cette entrevue qu'il avait pris la décision la plus catastrophique de sa vie. Ah, ils n'avaient pas voulu de sa découverte ! Les cons ! Malgré leur stupide aveuglement, leur arrogance bornée, leurs mesquines jalousies, ils verraient quand même qu'Edmond avait raison.

À chacune de ses visites régulières au chantier du barrage de Carrans, il avait versé son additif dans les silos à béton sans rien dire à personne, quelques centilitres suffisaient pour des centaines de tonnes. Le jour de l'inauguration avait été le plus beau jour de sa vie, il ressentait un supplément de fierté dont aucun de ses collègues n'aurait pu deviner la cause. Grâce à lui, et à lui seul, le barrage de Carrans tiendrait bien plus longtemps que prévu, même si l'auteur de l'amélioration restait inconnu. Et le lendemain, il avait utilisé les derniers grammes de produit à son propre usage.

Il avait acheté une maison à quelques kilomètres du chantier, qu'il comptait revendre quand celui-ci serait achevé, ainsi que le faisaient la plupart de ses collègues. Afin d'augmenter le prix de vente, il s'était lancé dans quelques petits travaux qu'il exécutait lui-même à ses moments perdus. Par exemple, il avait construit un garage. Et le jour où il avait décidé d'utiliser ses dernières gouttes d'additif, il coulait la dallette de béton qui en constituait le toit. Il avait aussi profité de la bétonnière empruntée ce jour-là au voisin pour couler un banc dans un coffrage de bois méticuleusement fabriqué par ses soins, un joli banc qui rivaliserait avec les plus vénérables bancs de pierre du pays, devant la façade sud de la maison. Garage et banc, avec du béton breveté Edmond (auquel l'additif donnait au malaxage une étrange odeur alcoolisée qu'il avait sentie pour la première fois).

Trois années avaient passé et il n'avait pas vendu la maison. Bêtement parce qu'il s'y trouvait bien, et que le chantier suivant n'était éloigné que de dix kilomètres supplémentaires. Il avait fini par abandonner son histoire d'assouplisseur de béton, découragement, lassitude, moins de temps et d'envie à y consacrer. Il aurait presque fini par l'oublier, jusqu'à cet après-midi fatal où, assis sur son banc, ses yeux étaient tombés sur une microfissure, entre l'accoudoir et sa cuisse. Intrigué, il avait gratté avec son canif : le béton s'effritait. Affolé, il avait approfondi l'examen ; toute la masse du banc était friable, de simples chocs en arrachaient de gros bouts. Il faillit s'évanouir. Une réaction chimique imprévue de son assouplisseur ! La plus improbable, la plus incalculable ! Après une longue fermentation, il faisait perdre sa cohérence au béton ! Il se précipita sur le garage et en examina la dalle, centimètre après centimètre. Apparemment, elle n'avait rien. Pas encore. Dans les nuits d'angoisse qui suivirent, il déduisit que le temps de délitement devait sans doute être en rapport avec le volume. Il avait fallu trois ans pour le banc, combien faudrait-il pour la dalle ? Et pour le barrage ? Mais la perspective d'avouer la manipulation à ses chefs lui avait paru aussitôt insupportable. Peut-être se trompait-il, le barrage ne bougerait pas. Mais s'il ne disait rien, pouvait-il seulement envisager la catastrophe dont il serait responsable ? Et s'il avouait, et qu'il ne se passait rien ? Il ne survivrait pas au ridicule. Toutes les nuits, quand sa femme dormait, il allait inspecter le garage, qui ne montrait aucun signe de faiblesse. Alors, il décida de prendre le risque de ne rien dire, mais ce fut une mauvaise décision, puisqu'il devint fou. Un dépressif calme, un gentil maniaque, de plus en plus lunaire, et que l'on mit à la retraite avec délicatesse. Et depuis, tous les jours, avec l'illusion qu'il pourrait peut-être déclencher l'alerte à temps, il allait guetter la première fissure de son barrage. Tous les jours.

– Tous les jours ?

Madame Legoff écarta un peu plus le rideau, ses yeux scrutaient le jardin de la voisine.

– Tous les jours, avec une régularité d'horloge, répondit son amie. C'est un drôle de manège. Son mari part à 10 h 30 pour sa promenade quotidienne, et dès qu'il a tourné le bout de la rue, hop, elle va inspecter le toit du garage. À côté de ça, très gentille, très polie, pas comme son mari qu'a un grain. Mais elle a cette manie. Bizarre, hein ?

Sans savoir que ses voisines l'observaient, Paulette rentra dans sa cuisine. Du haut de son savoir d'ingénieur, Edmond avait dit une fois à des invités :« Le ciment ne marche pas avec de l'eau acide. C'est comme avec le gel, il peut tenir un temps et un jour, crac. » Paulette avait retenu ça sans raison. Jusqu'au matin où son coléreux de mari coulait la dalle du garage, alors qu'elle conditionnait l'énorme récolte de cornichons du jardin. « Et ce putain de seau d'eau de merde ? Tu me l'as rempli ou pas ? avait-il hurlé dans le fracas de la bétonnière. Tu pourrais pas me filer un minimum d'aide ? Faut que je m'envoie tout tout seul ? »

Les travaux, elle détestait ça.

–Je peux pas les laisser pourrir, avait-elle répondu.

Et son mari furieux s'était emparé du seau posé sur la terrasse et l'avait vidé dans la bétonnière d'un geste rageur. Le seau entier du vinaigre des cornichons. Vu que le seau d'eau, elle ne l'avait pas rempli. Quand elle avait constaté l'erreur, elle n'avait pas osé le lui dire, et lui, il n'avait pas semblé remarquer l'odeur. Avec l'eau acide, le béton ne tient pas. Elle n'y avait plus pensé pendant trois ans, jusqu'à ce que le banc s'effondre et lui remette en mémoire la phrase de son mari. Edmond avait donc raison ! Le garage allait s'effondrer lui aussi, un jour, sur la voiture, sur eux, peut-être, à cause d'elle ! Et si elle lui racontait tout maintenant, la colère qu'il se prendrait dans l'état où il se trouvait pouvait avoir des conséquences inattendues. Pas de contrariété, avait dit le psychiatre. Alors, elle se taisait, surveillant chaque jour le béton au vinaigre, espérant surprendre les symptômes annonciateurs avant un accident. Par une coïncidence heureuse, son mari, dans son doux délire, avait décidé au même moment de ne plus utiliser le garage.

Histoire de la machine qui ne faisait que chatouiller

Au bord de sa piscine, Walter Mosniak s'ennuyait. Il regarda son yacht qui se balançait mollement à son ponton privé, quelques dizaines de mètres plus bas. Il n'avait pas plus envie de monter dessus que de prendre le volant de sa Ferrari dont il distinguait l'éclat dans l'ombre du garage, au-delà de l'hectare de gazon. Il soupira et poussa son pied au soleil hors du parasol. Ses yeux tombèrent sur Natacha qui feuilletait un magazine d'un doigt indolent sur son transat. Il n'avait pas envie de monter dessus non plus, il n'avait aucune envie. Il soupira encore. Walter Mosniak avait sans doute fait fortune trop tôt. D'autres consacrent une vie à l'élaboration d'une œuvre d'où ils tirent gloire et fortune avant d'y arriver, ils traquent les idées, cimentent les audaces par des monceaux de travail. Walter, lui, n'avait eu besoin que d'une seule idée, une seule audace, et une seule année de travail, et encore. Il devait sa fortune à l'invention d'un petit gadget en plastique fluo, le Pull-it®©, un petit machin difforme, sans articulation ni usage, qui avait la particularité de ne ressembler à rien, que sa vacuité même rendait risible, et dont le seul intérêt était de s'emboîter avec ses congénères. Plusieurs Pull-it®© disposés l'un sur l'autre formaient un tas aussi inidentifiable, et si l'on tirait celui d'en-dessous, tout le reste tombait, exactement comme l'auraient fait des pommes de terre ou des boules de papier, là s'arrêtait l'intérêt de la chose. Mais ainsi va la vie, une pulsion inexplicable rendit l'objet populaire chez les écoliers qui inventèrent un jeu se pratiquant avec, et en l'espace de quelques mois, le Pull-it®© se répandit dans tous les pays de la planète, les adultes le tripotaient en travaillant, des clubs se formaient, on parlait même d'un magazine, et à ce stade, il y avait belle lurette que Mosniak avait vendu droits et licence à un groupe industriel pour une fortune que toute une vie ne suffirait pas à dépenser.

Au bout de dix mois, les écoliers étaient passés à autre chose, le Pull-it®© avait rejoint le musée des lubies évanescentes, mais la fortune de Walter, elle, était toujours là, placée dans des valeurs sûres à des taux confortables. Et à 27 ans, Mosniak n'avait rien d'autre à faire que changer sans arrêt d'avion, d'ameublement, de domestique, de voiture, ou de maîtresse.

– Je m'emmerde, dit-il.

– Mmh ? Pourquoi on ne ferait pas un petit voyage ? proposa Natacha. J'ai toujours rêvé de voir les Aléoutiennes…

– Pour m'emmerder à l'autre bout du monde devant la même piscine qu'ici ? Non, tout ça est dégoûtant.

– Qu'est-ce qui est dégoûtant, mon chéri ?

– D'être riche et de n'avoir rien fait pour le bien de l'humanité, pour la science, la médecine, pour l'art, que sais-je ? Et d'être là, à regarder une pétasse tourner les pages d'un torchon débile.

– Mais tu as bien fait quelque chose, mon chéri. La preuve : tu l'as pas volé, ton argent…

– Un hochet grotesque pour lardons baveux, tu parles d'une gloire…

– T'es jamais content. Tu me rappelles mon frère, tiens.

– Je savais pas que t'avais un frère.

– Je préfère l'oublier. C'est un cinglé, obsédé par ses recherches à la con, qui dilapide tout l'argent de la famille et qui ne sait faire qu'une chose : taper ceux qu'il rencontre pour ses foutaises.

Le sourcil de Walter se fronça.

– Quelles foutaises ?

– Qu'est-ce que j'en sais, moi ? Des foutaises de savant fou, avec tout un bric-à-brac d'ustensiles et de zinzins…

Walter se redressa.

– Je veux le rencontrer.

Rodolphe avait effectivement toutes les apparences d'un illuminé. Maigre, sale, débraillé, les cheveux longs, les yeux fiévreux enfoncés dans des orbites sombres, il vivait dans le grenier d'un hangar en tôle, encombré au rez-de-chaussée par une accumulation d'appareils électroniques rouillés et poussiéreux. Autour du grabat qui lui servait de lit, des monceaux de livres s'appuyaient sur des piles de manuscrits, dans un coin s'entassait une respectable accumulation d'ordinateurs hors d'usage.

Tandis que Natacha était partie acheter des hamburgers (Rodolphe n'avait pas mangé depuis deux jours), le chercheur expliqua fiévreusement à son visiteur qu'il était au bord de la découverte du siècle : un système individuel d'antigravitation, qui s'appuyait sur le champ magnétique terrestre pour annuler l'attraction de la pesanteur. Le principe était trouvé, l'appareil était conçu, il pesait 2 kg et s'accrochait à la ceinture. Il nécessitait juste un bobinage en micro-fils de niobium baignant dans un petit container d'azote liquide : ce dispositif-là n'était pas à sa portée.

– Je vous le finance, dit Walter Mosniak.

La simple construction du laboratoire destiné à mettre au point le prototype engloutit une part de la fortune de Walter. Mais il était transfiguré. Rayonnant d'enthousiasme à chaque inspiration de Rodolphe, bondissant de joie à chaque initiative, il ne refusait rien à l'inventeur, lequel se trouvait dans un état d'excitation surmultiplié. Le frère de Natacha vivait un rêve éveillé, chacun de ses vœux, chacune de ses exigences était immédiatement satisfaite. Comme les tout premiers résultats ne donnaient pas exactement l'effet escompté, il embaucha des assistants, des professeurs, des consultants, commanda les machines les plus chères. Walter vendit son patrimoine, liquida ses actions, son enthousiasme allait croissant, jusqu'au jour où on essaya le premier prototype de l'appareil. Rodolphe, qui dirigeait l'équipe d'ingénieurs installée derrière les pupitres de contrôle, avait bien changé. Propre et professoral, il s'était étoffé, avait pris de l'assurance et de l'embonpoint. C'est lui qui avait demandé à sa sœur de servir de cobaye pour le premier test. Haletant, en sueur, Walter, qui avait maigri de 10kg, suivait les événements d'une cabine d'observation. On attacha autour de la taille de Natacha une ceinture à laquelle était fixée l'antigraviteur, petit appareil étincelant de tous ses chromes, et quand on lui demanda enfin d'appuyer sur le bouton, un photographe embauché pour l'occasion fixa le moment historique. L'appareil vibra, couina, trembla et Natacha éclata de rire. On lui demanda si elle ne ressentait pas une traction verticale, ses rires redoublèrent et elle répondit :

– Ça chatouille !

Un an s'était passé, les recherches avaient piétiné, et avaient dû s'arrêter, faute de ressources. Tous les dollars de Walter avaient été engouffrés dans l'affaire. Assis sur un tas de câbles au milieu du laboratoire désert où ne résonnaient plus que le pas des créanciers saisissant les derniers meubles, il attendait le retour de Rodolphe et Natacha. Après avoir fait en vain le tour de tous les bailleurs de fonds, de tous les sponsors, le frère et la sœur avaient été solliciter en tout dernier recours l'industriel qui avait jadis fabriqué le Pull it. Il y avait si peu d'espoir, que Walter avait refusé de s'associer à une démarche qu'il trouvait humiliante. Pourtant, quand il vit revenir son associé et sa sœur, les visages rayonnant de bonheur, il crut que l'entreprise avait été sauvée.

– C'est pas exactement ça, dit Natacha un peu gênée, alors que Rodolphe sortait triomphalement une liasse de contrats. Ton ancien commanditaire n'a rien à foutre de l'antigravitation, il ne sait même pas ce que c'est. Par contre, quand il a vu l'appareil, il l'a trouvé très joli et il a voulu l'essayer. Et quand le machin s'est mis à grésiller et à tressauter sur son gros ventre, il a trouvé ça tellement bidonnant, qu'il a décidé de le commercialiser tel quel, en virant les composants trop chers pour les remplacer par un simple vibreur.

– On a vendu les droits avec une part d'association aux bénéfices, et on partage 50-50 ! s'écria Rodolphe. On lui a même trouvé un nom.

– Le Gli Gli, dit Natacha en baissant les yeux.

Le succès du Gli Gli®©, le compagnon chatouilleur, fut plus foudroyant que celui du Pull-it®©. Surtout quand Rodolphe prit la tête du marketing, on s'arracha les Gli Gli®© sur la terre entière.

Au bord de sa piscine, Walter Mosniak s'ennuyait. Il regarda ses deux yachts qui se balançaient mollement au ponton. Il n'avait pas plus envie de monter dessus que d'utiliser ses deux Ferrari dont il distinguait l'éclat dans l'ombre du garage, au-delà des dix hectares de gazon. Il soupira et poussa son pied au soleil hors du parasol. Ses yeux tombèrent sur Laureen qui feuilletait un magazine d'un doigt indolent sur son transat, et il soupira.

Histoire de la sonde extraterrestre qui s'appelait Charlotte

Jeudi 7 mai

C'est une créature métallique, du moins elle en a l'aspect. Elle a des espèces de gros yeux qui tournicotent et des sortes de petites pattes avec des sortes de roulettes au bout. Avant-hier, son œuf est tombé dans mon jardin, à côté des bettes, en plein milieu des haricots verts. Ça a fait un grand bruit, l'œuf s'est ouvert et je l'ai vue. J'étais terrorisée, je n'ai osé ni parler, ni bouger, je me suis cachée, j'étais sûre qu'elle allait me tuer comme dans les histoires que me raconte des fois mon petit-fils Romain. Mais non, elle ne m'a pas fait de mal. Elle est restée là, sur son œuf ouvert, à regarder autour d'elle, pendant longtemps. Apparemment, les voisins ne l'ont pas vu tomber. Faut dire que madame Romières est partie chez sa sœur à Sevran et que le vieux Ngoro est sourd comme une poêle. Je n'ai pas osé appeler la police, je n'ai pas mangé ni ma soupe ni mon yaourt tellement j'étais contrariée, je ne savais pas quoi faire. Mais comme aujourd'hui, la chose a commencé à bouger, j'ai décidé de tenir ce journal comme quand j'étais plus jeune. Évidemment, à mon âge, je n'écris plus aussi bien, mais ça laissera quand même une trace, on ne sait jamais.

Vendredi 8 mai

Quand je pense que je n'ai jamais cru aux histoires d'OVNI ou d'extraterrestres que Romain arrête pas de lire, et voilà que ça m'arrive à moi. Hier, la créature avait commencé à agiter ses tentacules, aujourd'hui, elle a quitté son œuf. Elle est descendue doucement, on aurait dit qu'elle prenait beaucoup de précautions, elle a hésité longtemps avant de toucher la terre et de rouler dessus. Elle est grosse comme une petite lessiveuse ou une table basse, avec un dos tout plat fait d'une sorte de carapace bleue. Elle a tourné lentement autour de son nid comme si elle voulait explorer le terrain, elle n'a fait que tendre des sortes de petites tentacules pour examiner mes haricots et les feuilles des bettes, gratouiller la terre avec plein de petits bruits bizarres. Elle laisse derrière des traces, comme des traces de pneu. Cet après-midi, comme elle ne bougeait plus, je me suis approchée un tout petit peu. Je crois qu'elle m'a vue. Ses gros yeux se sont braqués sur moi. Le jour est tombé, elle ne bouge plus. On dirait qu'elle dort.

Dépêche AFP Samedi 13h

La sonde Perspicacity aurait-elle survécu à l'explosion ?

Mardi dernier, l'explosion de la fusée emportant la sonde robot Perspicacity à destination de Mars, douze minutes après son décollage, a dispersé des débris en orbite dégressif autour de la terre. La plupart ont été localisés et on a pu anticiper leur chute, à l'exception de la coiffe emportant le module d'atterrissage automatique, laquelle a échappé aux détections radar. Le porte-parole de la NASA a précisé qu'en toute hypothèse, il n'était pas impossible que la séquence d'atterrissage automatisée se soit déclenchée en l'absence de toute communication radio, et que la sonde se soit posée en douceur quelque part sur Terre. Aucun signalement n'a cependant été reçu à ce jour.

Samedi 9 mai

Ce matin, la chose m'attendait devant la porte. J'étais pas rassurée mais elle s'est contentée de me regarder avec ses gros yeux et ses bruits bizarres. J'ai décidé de ne pas faire attention à elle. Eh bien, vous le croirez ou pas, elle m'a suivie. Tout le temps que je suis restée au potager et dans la cour, elle a roulé derrière moi à me regarder et à observer ce que je faisais. Elle semble beaucoup plus assurée sur ses pattes, elle hésite beaucoup moins avant d'avancer, maintenant. Je me suis demandée si ça mangeait et ça buvait, ces choses-là. Avec toutes ces parties métalliques, ça m'étonnerait, mais j'ai quand même mis une cuvette d'eau, au cas où.

Elle m'a tenu compagnie tout l'après-midi. Ça faisait drôle d'avoir cette présence derrière moi. J'ai décidé de l'appeler Charlotte, en souvenir de la chienne de mon défunt mari.

Dimanche 10 mai

Ce matin, Charlotte m'attendait encore à la porte. On dirait qu'elle prend ses habitudes. Mais voilà que comme j'ai laissé la porte ouverte, elle est entrée dans la maison. C'est incroyable, on dirait pas, avec ses pattes à roulettes, elle est arrivée à monter les marches du perron. Elle entrée dans le corridor et elle a visité toutes les pièces. Elle est restée un long moment dans la cuisine, la télé semblait l'intéresser beaucoup. Ce qui est embêtant, c'est qu'elle laisse des traces partout.

Dépêche AFP

Perspicacity pourrait être en activité « quelque part ».

Interrogé sur la sonde martienne toujours introuvable, le directeur de la mission a précisé que la sonde avait été prévue pour mener automatiquement son programme d'exploration et de collecte en cas de perte du signal radio. Alimenté par ses photo-piles à haute performance, son nodal d'auto-acquisition devait lui permettre d'évoluer plusieurs mois à la surface martienne en autonomie totale et sans contrôle extérieur, à l'aide de ses algorithmes comportementaux. « Si elle a atterri sans dommage, elle est peut-être en train d'explorer une forêt vierge ou une steppe, comme elle l'aurait fait à 60 millions de kilomètres d'ici », a conclu le professeur Dewell. Il n'en reste pas moins que la NASA aimerait bien récupérer son « jouet d'un million de dollars ». Une substantielle récompense a été promise à toute personne qui permettrait de localiser l'engin.

Lundi 11 mai

Cette nuit, Charlotte a dormi à la maison. C'est vrai qu'il fait un peu froid. Hier, on a passé la soirée toutes les deux devant la télé à regarder une émission spéciale de Pascal Sevran pendant que j'épluchais mes haricots. Charlotte faisait son espèce de ronronnement. J'ai eu aucun succès avec les croquettes. Elle a enfoncé sa tentacule dedans et en a gratouillé une pour voir ce que c'était et c'est tout. Les extraterrestres, peut-être que ça mange pas. L'avantage, du coup, c'est qu'elle est propre, de ce côté-là j'ai rien à craindre.

Mardi 12 mai

Elle fait quand même plus civilisée avec le nœud en percale rose que je lui ai mis sur la tête (enfin, sur ses espèces d'antennes qui sont à la place de la tête) et le collier en cuir de la chienne de mon mari autour du cou. J'ai dû tordre un peu un bitoniau pour y arriver, mais Charlotte a pas protesté. On dirait qu'elle comprend que je ne lui veux que du bien. (Par contre, elle n'a pas voulu que je lui mette une couverture sur sa carapace bleue. À chaque fois que je la posai, elle sortait sa pince pour l'enlever.) Je me demande la tête que ferait Romain s'il la voyait.

Dépêche AFP

La NASA a reçu des bribes d'informations en provenance de Perspicacity.

La NASA a reçu hier un signal radio en provenance indubitable de la sonde Perspicacity, preuve qu'elle n'a pas été détruite, insuffisant toutefois pour pouvoir la localiser. Dérèglement ou erreur d'interprétation, le décodage des signaux reçus n'a donné que le son d'une émission télévisée de variétés en français, ainsi que la composition exacte de croquettes pour chien. Le professeur Dewell a précisé que si la sonde est en activité quelque part, elle devrait passer, après la phase exploration et prises de vue, à la phase collecte d'échantillons.

Mercredi 13 mai

J'aurais jamais cru qu'on pourrait s'attacher à un extraterrestre comme ça. Depuis que Charlotte est là, je me sens beaucoup moins seule. En plus, pas besoin de la nourrir ni de la soigner, elle me coûte beaucoup moins cher qu'un chien, ça compte, quand on n'a que le minimum vieillesse. J'aimerais bien en parler à Romain, mais j'ai peur qu'il prévienne les gens, et que la police vienne me l'enlever. En attendant, je vais commencer par lui donner de bonnes habitudes avec un petit dressage.

Dépêche AFP

Perspicacity pourrait s'avérer dangereuse pour d'éventuels découvreurs

Pressé par les journalistes, le porte-parole de la NASA a admis hier que la sonde robot pourrait s'avérer potentiellement dangereuse pour un humain en cas de manipulation hasardeuse. Dans la perspective d'un séisme martien, fréquent dans la région initialement prévue, elle a été programmée pour s'autodétruire par explosion en cas de chocs ou d'impacts violents et répétés qui altèreraient son fonctionnement, ce, afin de ne pas parasiter l'espace radio de futures missions. L'urgence de sa récupération ne s'en avère que plus pressante.

Jeudi 14 mai

Mon dieu de mes aïeux, j'en croyais pas mes yeux ! Les dégâts qu'elle m'a faits alors que je m'étais absentée deux petites heures, la fille de garce ! Des trous partout, dans les murs, les planchers, dans le jardin, c'est incroyable ! Avec une sorte de tige qui creuse, elle prend des petits bouts de tout ce qui lui tombe sous les pinces, les meubles, la vaisselle, les légumes, les plantes, même mes arrosoirs et mon tuyau d'arrosage, découpés, percés ! Et elle se les met dans le ventre. Voilà ce qu'elle mange ! Elle mange tout ce que fait le bon dieu sauf les croquettes ! Et le comble, quand je suis arrivée, elle ne s'est pas arrêtée pour autant ! Elle a continué ! Je vais commencer le dressage par une bonne correction à coups de canne, ça avait marché avec la chienne, ou même avec un manche de pioche, tiens ! Elle a la peau plus dure ! Extraterrestre ou pas, faudrait pas qu'elle se croie tout permis.

Histoire du C.M.E.E. (Conservatoire des Motivations Existentielles Étranges)

On avait pu déterminer que ce qui faisait bouger l'*Homo sapiens* était constitué en moyenne de 42 % du désir de vivre le mieux possible, de 33 % du désir de se reproduire le mieux possible, de 21 % du désir de dominer les *Homo sapiens* des alentours par des moyens les plus divers, séduction y compris, et de 4 % du désir de savoir ce qu'il y a après ce qu'on sait. Et on avait mis tous ceux qui sortaient de ces statistiques dans un super zoo appelé Conservatoire des Motivations Existentielles Étranges. On y trouvait celui qui ne vivait que dans le but de construire seul une locomotive à vapeur, celui qui vouait son existence à la recherche d'une espèce disparue, celle dont l'unique raison de vivre était d'écrire la plus longue symphonie du siècle, celui qui ne rêvait que de découvrir une nouvelle race de coccinelle, celui dont le seul but était de trouver une variété de carotte à pigment bleu, ou de démontrer le théorème de Rokossowsky, etc., tous partageant le même mépris envers famille, maison ou richesse.

Ils vivaient là bien nourris dans des bungalows confortables, entourés du matériel nécessaire pour avancer dans leur quête, en échange de quoi, ils étaient tenus de recevoir aimablement les visiteurs trois fois par semaine et d'expliquer leur passion aux gens normaux, aux gens qui ne pensaient qu'à bouffer, baiser, dominer ou découvrir.

– Mais ils sont prisonniers, objecta Jedd Koffy.

– Pas exactement, cher monsieur Koffy, dit le directeur, il est vrai qu'ils n'ont pas le droit de sortir. Mais croyez-moi, ils sont mieux ici que dehors. Livrés à eux-mêmes, comment pourraient-ils subvenir à leur obsession ? La plupart sont des doux dingues, ou pas loin. Dans notre société actuelle, ils sont si déphasés, que la majorité finiraient clochards. Ici, ils peuvent poursuivre leurs chimères, et ils sont utiles à la communauté.

– Je ne vois pas très bien en quoi, dit Jedd.

– Le spectacle de vanités déraisonnables conforte nos compatriotes dans leur désir de cohérence sociale, expliqua le directeur avec un sourire patient. Les visiteurs qui entrent ici, non seulement se distraient, mais ressortent meilleurs citoyens.

– Bon, coupa le visiteur. Et vous m'avez fait venir pourquoi ?

– Nous avons en ce moment un gros problème. Qui s'apparente à un sabotage.

Le gros homme se leva et, à travers une baie vitrée, désigna les maisonnettes de son jardin anthropologique.

– Nous assurons à tous nos pensionnaires les moyens techniques minimums pour qu'ils puissent poursuivre leurs lubies et qu'ils aient l'impression d'avancer vers leur but, sinon, ils dépériraient : par exemple, on fournit du plâtre à celui qui consacre sa vie à réussir une sculpture de sa femme, on monte des laboratoires rudimentaires à ceux qui font des recherches pseudo-scientifiques, des pièces mécaniques à celui qui construit son moteur à betteraves, etc., mais il semblerait bien que quelqu'un outrepasse nos consignes de manière significative.

Il ouvrit un tiroir et en sortit un fruit qu'il posa sur son buvard.

– C'est une mangue de Java. Nous avions un pensionnaire, depuis deux ans, dont le désir suprême était de manger une mangue sauvage de Java. Comme elles ne sont ni cultivées ni exportées, notre olibrius consacrait toutes ses heures à monter le financement d'un voyage à Java pour y manger sa mangue. Vu ses moyens, il n'y serait jamais parvenu, mais nous lui donnions tout ce qu'il fallait pour en rêver : les cartes, les bouquins, les listes d'hébergements et même un peu d'argent pour qu'il croie faire des économies. Et nous avons trouvé cette mangue dans son salon.

– Je ne comprends pas, dit Jedd en regardant le fruit.

– Quelqu'un lui en a apporté. Notre homme y a goûté, a trouvé ça dégueulasse – ce en quoi il n'avait pas tort – et il s'est pendu. Et celui-là, la semaine dernière...

Il poussa une photo vers son visiteur.

– Son seul désir dans la vie, c'était de voir l'actrice Ethel Barrymore nue. Même pas de passer une nuit avec elle, notez bien. Juste de la voir. Il passait ses journées à monter des plans compliqués qu'il envoyait à des paparazzis prétendument à sa solde. On l'a retrouvé suicidé aux barbituriques, il avait ça dans la main.

Jedd reconnut la célèbre star sans un seul vêtement, dans une pose anodine. La chose était si exceptionnelle qu'il pouvait s'agir d'un trucage.

– Et il y a trois jours, Gégé, notre boute-en-train, tout le monde l'aimait bien. Un original, celui-là : son truc, c'était de voir Naples et mourir. Et c'était on ne peut plus vrai. Quelqu'un lui a envoyé un billet d'avion, il s'est soustrait à notre contrôle et il s'est ouvert les veines sur une plage de Capri.

Il poussa vers Jedd un rapport de police écrit en italien.

– Mes pensionnaires sont fragiles, M. Koffy. Si leur rêve est réalisé, ils n'ont plus aucune raison de vivre. Celui qui exauce leurs vœux est un assassin. Quels sont ses motifs, je l'ignore, mais ses dégâts sont bien concrets. Je voudrais que vous le trouviez avant que cette affaire ne s'ébruite. Je vous ai réservé un bungalow, vous pouvez commencer tout de suite.

Nonchalamment, Jedd Koffy parcourait les allées proprettes du Conservatoire des Motivations Existentielles Étranges. Les gens qui vivaient ici, n'étaient pas d'un grand intérêt pour lui. Obnubilés par leurs marottes, ils ne parlaient de rien d'autre, ne connaissaient rien d'autre, ne désiraient rien d'autre que leur idée fixe. C'était parfaitement déprimant. Il s'arrêta intrigué devant un bungalow dont la porte était ornée d'un grand portrait d'Humphrey Bogart. Pas de machine bizarre dans le garage, pas de sculpture biscornue dans le jardin, pas de fumées âcres sortant d'un laboratoire, juste la photo. Il frappa, et une femme encore assez jeune vint lui ouvrir. Son salon était tapissé de photos, de dessins, on reconnaissait Marlowe, Sam Spade, Dick Tracy...

– Je voudrais vous poser quelques questions, dit Jedd.

– Qui êtes-vous ? Ce n'est pas jour de visite aujourd'hui. Et d'où vous vient cet accent ?

Dix minutes plus tard, la voiture des vigiles et l'ambulance de l'infirmerie bloquaient l'allée. Le directeur s'essuyait le front avec son mouchoir.

– On peut dire que vous commencez bien.

– Comment je pouvais savoir ?

– C'est de ma faute, aussi, j'ai complètement oublié madame Sorraz. Elle n'est là que depuis quinze jours. Sa seule raison de vivre, c'est de rencontrer un détective privé américain. Elle a galéré trois ans à New York, elle a pas été foutue d'en trouver un et voilà que vous débarquez. On l'a mise sous calmants, mais ça va pas durer.

Alors que Jedd regardait partir l'ambulance, un homme s'approcha de lui.

– Vous enquêtez sur les suicides, n'est-ce pas ?

– Qu'est-ce qui vous fait croire ça ?

– Je vous ai bien vu avec le directeur. Et pour mettre la pauvre Mme Sorraz dans cet état... Je peux peut-être vous aider.

– Un instant. Dites-moi d'abord : c'est quoi votre truc, à vous ?

– Moi, c'est le pôle Sud. Vingt ans que je prépare l'expédition, mais c'est pas avec les 200dollars d'avance que m'a donnés l'institution que je vais pouvoir partir. Alors vous voyez, le type qui m'emmènera là-bas pour que je me suicide, il est pas encore né, malheureusement.

– Comment ? Vous voudriez mourir ?

– Sans problème, si je vais au pôle Sud d'abord.

– Je vois. Vous disiez que vous pouviez m'aider ?

– Oui, le coupable, c'est le directeur.

– Et qu'est-ce qui vous fait dire ça ?

L'homme sourit d'un air las. Jedd vit qu'il portait une canadienne de l'expédition Antarctica.

– Réfléchissez. Quelqu'un capable de ramener une mangue de Java ou de payer l'avion pour Naples, c'est quelqu'un qui a des moyens ou des relations. Qui connaît suffisamment chaque cas pour pouvoir intervenir au moment opportun. Qui dispose de toutes les facilités d'accès auprès des pensionnaires. Et qu'on fasse appel spécialement à vous plutôt qu'à la police, quinze jours après l'arrivée de madame Sorraz, ça vous paraît pas bizarre ?

– Ce qui est bizarre et ce qui l'est pas, ici, je sais plus trop. Et pourquoi ferait-il ça ?

– Il est comme nous. Sa marotte à lui, c'est de réaliser les rêves des autres. Mais lui, il a su se donner les moyens de ses ambitions. L'idée du Conservatoire, c'est lui. Il nous a réunis, et maintenant il nous comble. Quand il nous aura tous comblés, il n'aura plus aucune raison de vivre, il mourra aussi, sans doute. C'est un type formidable.

– Alors pourquoi vous le dénoncez ?

– Je sais ce que c'est, allez, vous ne trompez personne avec votre tête de détective blasé : vous voulez réussir une enquête au moins une fois dans votre existence, c'est votre seule et unique ambition. Vous êtes comme nous, vous aussi, vous avez un bungalow parmi nous et autant de difficultés pour sortir. Alors, plus tôt elle sera bouclée, votre enquête, plus tôt le directeur en aura fini avec vous, plus tôt il pourra s'occuper des autres. Vous avez votre coupable, votre recherche est un succès. Bravo ! Et bonsoir.

Jedd Koffy erra tristement dans les allées. Maintenant qu'il avait appelé la police, il ne savait plus quoi faire. Il pensa un moment qu'il aurait pu se brancher la fille Sorraz. Mais c'était trop tard, elle s'était jetée par la fenêtre.

Histoire du policier qui criait « Vive la délinquance ! »

Ce fut un matin de juin, alors que le phénomène avait déjà commencé depuis presque une semaine, que l'inspecteur Ravier constata qu'il se passait des choses pas ordinaires : il n'avait pas arrêté un seul suspect depuis six jours. Tout le travail qu'il avait eu à exécuter concernait des enquêtes en cours pour des affaires déjà vieilles. Renseignements pris dans les autres services, la situation était la même. Rien aux flagrants délits, rien à l'écrou, rien à l'enregistrement des plaintes.

Une discussion avec un gendarme lui apprit que la brigade de ce dernier n'avait procédé depuis une semaine à aucune interpellation ni arrestation, sauf sur demande des juges pour l'instruction de dossiers antérieurs. « C'est à croire que les gens en ont assez de faire les cons », avait conclu le gendarme en rigolant.

Mais l'inspecteur Ravier ne rigolait pas. Après un entretien avec son chef, le commissaire Martelot, il eut confirmation qu'il ne s'agissait pas d'une coïncidence : les policiers en tenue du commissariat n'avaient pas dressé une seule contravention depuis le début de la semaine, pas même un petit procès-verbal, ils n'en revenaient pas. Il fallait se rendre à l'évidence : une vague de légalisme scrupuleux s'était abattue sur la ville, la région, le pays tout entier. Depuis une semaine, nul n'avait pu relever la moindre infraction à la loi, le plus petit délit, comme si une rage d'honnêteté maniaque, de pointilleuse droiture, s'était emparée de la population.

Dans la rue, à première vue, il n'y avait pas de changement. Ce n'est qu'après un moment que l'œil exercé remarquait les efforts inouïs des gens pour respecter les feux rouges, les signaux, les priorités, bref, suivre à la lettre le code de la route. D'autres détails étaient plus difficiles à discerner : les chantiers qui s'autodémolissaient parce que leurs permis n'avaient pas été honnêtement obtenus, les queues qui s'allongeaient devant les bureaux administratifs pour régulariser des activités jusque-là clandestines, les vendeurs qui ôtaient de leurs étalages toute marchandise non conforme, les commerçants qui rectifiaient tout prix abusif, les professions libérales qui remboursaient leurs clients des sommes indûment perçues, les journaux qui interrompaient leur parution, soudain sceptiques sur l'intégrité de leur contenu, les rues qui ne résonnaient plus que des seules sirènes des pompiers, les brusques et inouïes recettes des centres des Impôts…

En haut lieu, on s'épuisait en conjectures pour comprendre cette subite épidémie de probité.

On entreprit d'éplucher les émissions de télé, les dernières modes, les derniers tubes, l'alimentation, l'eau, l'air, bref, tout ce qui pourrait expliquer le prodige. En vain. Les préfectures demandèrent aux services de police d'enquêter sur ce qu'étaient devenus les délinquants, les criminels, les drogués, les proxénètes, tous les multirécidivistes qui, il y a si peu de temps, encombraient encore les prétoires. Ils n'avaient pas disparu : ils cherchaient du travail, fondaient leur entreprise, ou reprenaient des études. À titre d'expérience, on déposa au milieu d'un trottoir une liasse de billets de 50 €. Il fallut un bon quart d'heure pour qu'un passant se décidât à la ramasser, gonflant d'espoir les observateurs cachés. Mais le passant, après avoir constaté l'absence de nom ou d'adresse sur le paquet, alla le déposer au commissariat le plus proche.

Les premiers temps, tout le monde s'en félicita. Plus de vols, plus de crimes, plus d'agressions, plus de violence. On ne fermait plus les maisons ni les voitures, on ne protégeait plus rien, il n'y avait plus de voleurs. Les éditeurs de codes divers virent leurs affaires décupler : le respect absolu des lois nécessite de les connaître à fond et en détail. Mais largement plus nombreux furent ceux qui eurent à souffrir de cette nouvelle mentalité, et l'on s'aperçut, à l'occasion, de l'incroyable quantité d'activités humaines uniquement dépendantes des imperfections de l'humanité. L'effondrement de la littérature policière, brutalement dépourvue d'intérêt, la désaffection des religions, privées de fonction morale, le marasme des professions judiciaires, des marchands d'alarmes et de serrures, des professionnels de la sécurité. Mais tout cela n'était rien comparé à la détresse de la profession la plus cruellement touchée par le désastre : la police.

Dans son bureau désespérément désert, l'inspecteur Ravier faisait les cent pas. Par les fenêtres ouvertes, il entendait ses collègues qui jouaient à la pétanque dans la cour, et lui-même tentait de mettre la dernière main à un tableau qu'il avait commencé l'avant-veille. Mais le cœur n'y était pas. C'est que le virus de la vertu ne l'avait pas plus épargné que ses camarades et, depuis trois mois, il ne s'était pas rendu coupable de la plus petite entorse au service. Ça faisait longtemps que la dernière enquête avait été bouclée, coupables jugés et emprisonnés dans des centrales qui se vidaient inéluctablement, faute de nouveaux occupants. Condamné à l'inaction, l'inspecteur Ravier était rongé par un problème : n'usurpait-il pas son salaire de fonctionnaire ? Certes, ils s'étaient tous conformés aux consignes des chefs, mais ceux-ci étaient-ils à la hauteur d'un tel problème moral ? L'organe devenu inutile ne devait-il pas s'amputer de lui-même ?

Sa songerie fut interrompue par les cris du commissaire Martelot.

– Ravier ! J'ai trouvé ! J'ai compris l'explication !

Ravier jeta un regard las sur son supérieur qui pénétrait dans le bureau en courant.

– Ravier ! C'est d'une simplicité enfantine ! Je suis chez moi, dans mon lit, en train de dormir ! Et je rêve ! Vous m'entendez, Ravier ? Je rêve ! Tout ce que nous vivons, cette incroyable calamité, c'est un rêve ! Tout ça n'existe pas, vous comprenez, Ravier ? Quel soulagement ! Souriez, mon vieux ! Tout ça, c'est du bidon !

Ravier s'était retourné vers son tableau.

– Qu'est-ce qui vous permet de dire ça, chef ?

– Mais l'évidence, Ravier ! C'est toujours comme ça, ce genre d'histoire ! Quoi d'étonnant à ce qu'un policier comme moi, obsédé par la moralité de ses semblables, fasse ce genre de rêve ?

L'inspecteur hocha tristement la tête en manipulant son pinceau. Martelot lui faisait la même déclaration tous les jours. C'était lui le plus affecté par la situation.

– D'accord, chef, dit-il. Alors, vous allez vous réveiller et tout cela va cesser.

– Mais oui ! Incessamment ! Le réveil va sonner ! Je sens déjà l'odeur du café !

Le commissaire repartit à ses convictions oniriques et Ravier posa son pinceau. Pauvre Martelot, un chef si compétent...

Les yeux perdus dans son tableau, Ravier réfléchit. Il n'était pas le seul à en être arrivé à cette douloureuse et coupable conclusion : un monde sans criminels et sans délinquants n'était pas viable, c'était clair. Tout le monde allait devenir fou, comme Martelot. Il suffisait de voir les gens, dans la rue : ce calme déprimant, cette sécurité mortelle, ces journaux qu'on ne lisait plus, cette atmosphère d'ennui maladif. S'il n'y avait plus le risque d'être malhonnête, le mérite d'être honnête disparaissait de même. S'il n'y avait plus de tentation, que devenait la fierté d'y résister ? La vérité était là : si plus rien ne menaçait l'ordre social, à quoi bon le maintenir ? Il regarda sa peinture d'un air rageur et cria : « Le crime est le ciment de notre société ! Vive la délinquance ! Vive la criminalité ! »

– Ça va pas, chef ?

Sans le savoir, il avait dû prononcer les mots magiques, car devant lui, le portrait de son dernier interpellé s'était mis à bouger. Rapha dit le Loucheur, déjà quatre séjours à Fleury. Lequel souriait, pas trop rassuré.

– Vous avez dû vous endormir, chef. Vous avez fait un cauchemar. Et… euh… vous avez dit de drôles de trucs…

Ravier se leva, fit le tour de son bureau et prit Rapha dans ses bras. Terrorisé, ce dernier tenta de se protéger malgré les menottes, sans y parvenir. Ravier l'embrassa sur ses deux joues, les yeux baignés de larmes.

– Rapha, mon petit Rapha ! Tiens, une cigarette. T'as combien de récidives, déjà. Quatre ? Tu veux une bière ? T'as pas froid, là ? T'es pas fatigué ?

Ravier retourna s'asseoir derrière son bureau, alors que le suspect promenait des yeux affolés autour de lui, cherchant du secours. Après un dernier regard ému au casier judiciaire noirci, Ravier revint à sa machine à écrire avec un grand et chaleureux sourire…

– Bon. Alors, cette moto ? Pas de permis, pas de papiers, antivol cassé, tentative de fuite, et tu dis que tu l'as pas volée ?

– Je vous jure, inspecteur ! Je l'ai empruntée !

– Mais comment t'as pu l'emprunter alors que le propriétaire te l'avait pas prêtée ? Que tu le connaissais même pas ?

– Si, il me l'a prêtée, c't'enfoiré !

– Bon. On recommence au début, on a tout notre temps. Nom, prénom, adresse ? tonna Ravier qui ne souriait plus.

– Chatigneau, Raphaël, 13, cité du Lévrier, Bagneux, recommença Rapha, rassuré.

Histoire du chef de service qui céda sa place à plus fort que lui

L'employé avait la peau jaune pisseux, de la même couleur que les murs. Le visiteur crut un moment à une illusion d'optique due à la réflexion de la lumière, mais il dut finalement admettre qu'il s'agissait réellement d'un cas de mimétisme épidermique.

– Je suis déjà venu il y a trois jours, dit-il. C'est pour un certificat de domiciliation. J'en ai besoin pour mon nouvel emploi...

Le visage de l'employé resta de marbre, à l'exception des lèvres qui articulèrent

– Ah oui, je me souviens.

Il mit trois bonnes minutes à fouiller dans un tiroir pour finalement en sortir un imprimé.

– Alors voyons..., fit-il en parcourant une liste. Domiciliation... C'est ça. Allons-y.

À ces mots, son interlocuteur posa sur ses genoux la petite serviette qui l'accompagnait et en fit glisser la fermeture Éclair.

– Tout d'abord, vos papiers d'identité, reprit l'employé. Carte nationale ou passeport, ainsi qu'un extrait de naissance.

L'homme sortit les papiers en question et les posa sur le bureau.

– Bien..., dit l'employé. Les photocopies de vos quittances de loyer, électricité et téléphone.

– Voilà.

– Bien... Une attestation de votre employeur.

– Voilà.

– Une attestation de votre caisse de Sécurité sociale certifiant que vous êtes enregistré.

– C'est ça.

– Bon... L'imprimé B 56 de demande de domiciliation en trois exemplaires.

– Les voilà.

– Très bien. Le questionnaire C 18 de demande de certificat en trois exemplaires également ?

– C'est cela...

– D'accord... Votre curriculum vitae sur les cinq dernières années ainsi que les photocopies des certificats de travail correspondants.

– Les voici.

– Parfait. Certificat de nationalité émanant de votre lieu de naissance.

– C'est ça...

– Photocopies de vos diplômes...

– Les voilà.

– Et formulaire A 12 vous engageant à signaler tout changement dans votre situation ?

– Voilà. »

Un long silence suivit. L'employé vérifia qu'il était bien arrivé au bas de la liste, considéra la liasse de papiers empilés devant lui, recommença mentalement l'énumération et enfin, posa son imprimé en jetant un regard maussade sur son vis-à-vis. Puis, comme à regret, il se leva.

– Veuillez m'attendre un instant, je vous prie.

Il passa dans la pièce voisine et referma soigneusement la porte sur laquelle était marqué « chef de service ». L'homme assis derrière le bureau avait un teint verdâtre, mais les murs de la pièce étaient verts.

– Oui ? interrogea-t-il en levant la tête.

– C'est une demande de certificat de domiciliation, répondit l'employé. Il est déjà venu. Cette fois, il a tout apporté.

– Tout ? demanda le chef. Vraiment tout ?

– Oui.

– Même le A 12 ?

– Oui.

– Merde. Qu'est-ce qu'on va faire ?

L'employé haussa les épaules pendant que le chef fouillait un tiroir.

– Attendez, dit ce dernier. Ah, voilà. Faites-lui remplir le M 6, il date de la semaine dernière.

L'employé retourna dans son bureau avec le formulaire en main.

– Votre dossier n'est pas complet, Monsieur, dit-il en s'asseyant lourdement. Il vous manque le formulaire de justification de domicile concernant vos adresses précédentes. Ce papier nous est nécessaire pour transmettre une demande, vous en conviendrez. Vous remplirez ceci et vous y joindrez les pièces indispensables : quittances de loyer, etc. »

Il tendit le papier, mais l'homme ne le prit pas.

– C'est le formulaire M 6, si je ne me trompe. Tenez, le voici, avec les photocopies.

Pour la première fois, l'employé quitta son impassibilité. Il souleva les sourcils, comme attendant une explication.

– On me l'a donné quand je suis venu il y a cinq jours. J'attendais que vous me le demandiez.

L'employé prit le papier d'une main sceptique et demanda :

– Combien de fois êtes-vous venu, dans ce bureau ou dans un autre ?

– Treize fois.

– Ah bon, ah bon. Veuillez patienter un instant.

Il repassa dans le bureau adjacent.

– C'est la tuile, chef ! On lui avait déjà donné !

– Aïe ! Il est coriace, celui-là.

Le visage du chef s'éclaira soudain.

– Le L 27 ! Il ne peut pas l'avoir, le L 27 ! Je l'ai inventé hier ; il doit encore être à l'imprimerie.

Il décrocha le téléphone :

– Allô, l'imprimerie ? Faites-moi parvenir un prototype du L 27 immédiatement.

Quand l'employé revint dans son bureau en brandissant un imprimé dont l'encre n'était pas encore sèche, son comportement trahissait une excitation montante.

– Et celui-là ? s'exclama-t-il. Vous l'avez ? Le L27 ?

– Attendez voir, dit l'homme en saisissant la feuille. Ah, ah, je vois. Photocopies des quatre déclarations de revenus précédentes. Je n'ai pas l'imprimé, mais j'avais prévu. Voilà les photocopies en question. Quant à votre formulaire, je vais le remplir en trente secondes.

– Il l'avait prévu ! cria l'employé en pénétrant dans le bureau de son chef. Il a tout apporté !

Le rouge lui montait à la tête, ce qui lui donnait une teinte orange.

– Bon sang, dit le chef. Il ne nous aura pas comme ça ! Je vais téléphoner aux autres bureaux pour voir ce qu'ils ont dans leurs nouveautés. En attendant, demandez-lui des photos d'identité. On les possède toujours avec les photos, ils n'y pensent jamais.

– Impossible, chef, dit l'employé. Il m'en a donné seize, sous tous les angles, avec et sans lunettes et à plusieurs époques différentes. Il en a sûrement d'autres dans son sac.

Au bout d'un instant, le chef posa le téléphone avec une mine défaite.

– Ils n'ont rien de plus récent que trois jours. Ce salaud doit avoir tous les derniers formulaires parus. Mais il ne m'aura pas. Je vais en créer un sur-le-champ. Voyons... Attestation de déclaration de résidence... de la mairie de son lieu de naissance ! Voilà ! Formidable ! Ça ne s'est encore jamais fait !

Les yeux de l'employé brillaient d'admiration.

– Ah oui ! Magnifique !

– Je l'appellerai D 14. Ça sonne bien.

– Oui, oui ! D 14 ! approuva l'employé frémissant. »

Il revint à son bureau presque en courant.

– Et le D 14 ? Vous l'avez, le D 14 ? hurla-t-il. Il est manuscrit, mais c'est parce qu'il ne nous reste plus d'imprimés.

L'homme prit le papier avec mépris.

– Attestation de résidence du lieu de naissance ? Foutaise ! Voilà tous les papiers imaginables concernant la mairie de mon lieu de naissance !

L'employé se dégonfla comme un ballon. Son teint vira au gris terne. L'autre en profita pour enfoncer la lame :

– Et ne me demandez pas non plus les certificats de vaccination, je les ai tous.

– Suivez-moi, dit l'employé dans un souffle. Ça ira plus vite. »

Lorsqu'ils se trouvèrent face à face, le chef de service et l'homme se dévisagèrent en s'estimant, à la façon de deux lutteurs sur un ring.

– Asseyez-vous », fit le chef d'une voix dure.

Il enleva sa veste et retroussa ses manches, l'homme en fit autant.

– N 3 ! aboya le chef. État civil de vos parents et certificats de travail !

– Pas mal, fit l'homme. Mais un peu faible. Les voici.

– Bravo, admit le chef. Mais j'ai pas dit mon dernier mot. C 6 ! Vos mensurations exactes à 10, 15 et 20 ans !

– Minable ! Voilà l'évolution de ma taille et de mon poids pendant les 20 dernières années.

– B 11, bulletin de santé. N 17, opinions politiques ! D 8, vie sexuelle !

– Voilà, voilà et voilà, dit l'homme en jetant d'autres papiers sur le bureau. C'est tout ?

Lorsque le chef releva les yeux, un certain respect se lisait dans son regard.

– Vous m'avez eu, dit-il. Vous êtes très fort. D'autant que j'étais invaincu depuis cinq ans. La loi stipule que vous avez maintenant le droit de prendre ma place. Qu'allez-vous faire ?

– Je vais la prendre, dit l'homme. C'est pour ça que je suis venu.

Le chef se leva, résigné.

– Eh bien, allez-y, conclut-il en montrant son fauteuil. Moi, il ne me reste plus qu'à rédiger mon rapport et ma lettre de démission.

– En trois exemplaires, n'oubliez pas, dit l'homme en s'installant.

– Par ici, dit l'employé à son ex-chef en désignant la sortie du public.

Une fois seul, l'homme sortit un miroir de sa serviette et compara son teint à la couleur des murs.

– Dans un mois, ça se sera arrangé, dit-il.

Histoire de l'homme qui fut tué à coups de pelle en plein désert

Récapitulons. Nous étions deux, Clément et moi, dans cet ancien poste perdu du désert du Kalahari, par 50°C à l'ombre, avec comme seul relief dans l'horizon rectiligne, l'épave de cette saloperie de merde de 4x4 qui nous avait lâchés au mauvais moment. Il nous restait 30 litres d'eau, de quoi voir venir, et il aurait été suicidaire de quitter ce poste abandonné, seul abri contre le soleil et les tempêtes de sable, pour parcourir à pied 200 bornes dans le désert. D'un autre côté, la chance de voir passer un autre véhicule sur cette piste avant 3 mois était mince, mais plus consistante que la première solution. Nous n'avions donc qu'à attendre en économisant l'eau et les efforts, confinés à l'ombre de nos tôles protectrices par un soleil implacable, ne pouvant respirer qu'à la nuit, n'ayant pour toute occupation que la conversation entre nous.

Et là, tout de suite, j'avais imaginé que dans cette promiscuité atroce, les relations allaient bientôt s'envenimer entre Clément et moi, que nous nous chercherions chicanes sur de vieux souvenirs, que très vite une tension dramatique naîtrait de nos exaspérations, et que nous connaîtrions un affrontement quasi-hégélien entre nos deux personnalités. Conflit que nous saurions surmonter pour vaincre unis l'épreuve que Dieu nous envoyait. Pas d'échappatoire possible, aucun moyen de s'isoler, nulle possibilité de coup de théâtre, bref, tous les ingrédients réunis pour un huis clos haletant, comme l'auraient envié les plus grands scénaristes du cinéma américain. Enfin, je voyais ça comme ça.

Mais ce ne fut pas le cas. Dans l'adversité, Clément se montra plus que monstrueux : jovial. C'était une sorte de boule de Noël pimpante sur laquelle tout glissait, imperméable au malheur, à la douleur, aux insultes, entièrement creux et d'une couleur vulgaire, rétif à toute conversation profonde, tout rebondissait sur lui avec un bruit cristallin, son optimisme n'était pas inébranlable, il était maladif. Plus notre situation était critique, plus il était primesautier, léger, déliquescent, tout lui était matière à plaisanteries exsangues, à chansons débiles, à vannes moisies.

Tout ce qu'il trouvait à dire le matin alors qu'il faisait déjà des 30°C au lever du soleil, c'était :« Ah ! je me taperais bien une glace à la pistache ! » et quand la température montait à 50°C dans l'après-midi : « Fait pas froid, hein ? Au moins, on n'a pas besoin de mettre des moufles ! » Et le soir : « Et encore une de tirée ! Prévisions météo pour demain : beau temps ! »

Dès le premier jour, j'avais trouvé un vieux ticket de métro au fond de ma poche et j'étais ravi de pouvoir vivre pour de vrai ce vieux cliché de cinéma, où des naufragés du bout du monde se rappellent la place des Abbesses et la station Châtelet en pleurant sur un bout de carton. Clément, lui, se lança dans une péroraison interminable sur l'avantage de la nouvelle ligne 14 par rapport aux anciennes correspondances. Six heures, il a tenu sur le thème, et tout ce que je pouvais dire pour le supplier d'arrêter, il le prenait pour une contradiction :

– Je t'assure que tu as tort. Pour Porte d'Italie, avant, tu devais changer deux fois. D'accord, là, t'as une station de plus, mais je vais t'expliquer...

Je m'étais dit qu'avec la soif et la chaleur, il ne pourrait pas tenir bien longtemps, mais de ce point de vue, sa résistance se révéla prodigieuse. Pendant toute sa conférence, il ne consomma pas une goutte d'eau supplémentaire, pour se reposer, il chantait à tue-tête *Le Poinçonneur des Lilas*.

Si après cette journée, je devins circonspect sur les sujets de conversation, il se montra assez grand pour en trouver tout seul. Le lendemain, la vue d'un lézard le lança sur le caractère comparé des cavaliers King Charles mâles par rapport aux fox-terriers mâles (trois heures), le jour suivant, le masticage d'une racine de cactus l'aiguilla sur les inconvénients du régime tout fibres (deux heures), le bruit d'un avion dans le lointain l'inspira sur les chances du FC Nantes en Ligue 2 (quatre heures).

Pour vous résumer Clément, imaginez que vous vous retrouviez enfermé avec une station de radio commerciale alternant tunnels de publicité lobotomique et bavardages hystériques décervelés, réglée sur le volume le plus fort, et que vous ne pourriez pas éteindre. Comment avais-je pu partir avec un choléra pareil ? Au début, je crois que c'est sa bonne humeur à tous crins qui me l'avait fait choisir comme compagnon de voyage, et d'ailleurs, pendant la route, il n'avait pas été si désagréable que ça, juste anodin. C'est la présence du danger, semble-t-il, qui le transformait en cet insupportable moulin à insanités. L'exaspération, et la tension dramatique, ce n'était que pour moi. Lui, cette situation d'angoisse ne faisait qu'affermir sa radieuse confiance en l'existence et sa tolérance infinie envers son compagnon stressé. On ne peut pas faire du Hegel tout seul.

Dès le quatrième jour, alors qu'il pissait les trois gouttes d'urine que nous laissait le rationnement d'eau en braillant à tue-tête « Secouez-la-moi, secouez-la-moi » sur l'air d'une pub célèbre, comme le matin, comme la veille, et comme l'avant-veille, je compris que je n'avais plus que deux solutions : le tuer ou me suicider. Comme je voulais survivre, je n'avais plus le choix. C'était lui ou moi.

Bien sûr, vu de l'extérieur, il peut sembler épouvantable de liquider son camarade d'infortune en pleine tragédie juste pour incompatibilité d'humeur, mais que ceux qui pensent ça fassent l'expérience de la radio commerciale enfermés dans leur cave. D'abord, j'essayai de le provoquer, me disant que dans une bagarre, ça serait plus facile pour le trucider. Mais chaque insulte lui était un nouveau prétexte à bons mots, à saillies pétulantes : « Gros mot à la St-Jean, fortune le mois devant ». C'est avec la pelle, que je lui éclatais le crâne en plein débat « Les tabliers à vaisselle, pour ou contre ». Et je dégustai chaque seconde du silence qui suivit comme une gorgée d'orangeade glacée dans ma gorge brûlante. Maintenant, je pouvais envisager le tragique avec sérénité, être un vrai naufragé du désert, n'ayant à combattre que la soif et la chaleur, quel soulagement ! J'étais déjà à moitié sorti de l'enfer. C'est pourquoi le convoi qui déboucha de l'horizon le lendemain ne m'apporta qu'une satisfaction mesurée.

Il fallut tout expliquer au juge d'instruction, le désert du Kalahari, le poste perdu, la panne idiote, la chaleur, la promiscuité forcée.

– Un peu comme dans les huis clos du cinéma américain ? me demanda-t-il, finaud. La situation a dégénéré, n'est-ce pas ?

– Pas exactement, dis-je

J'entrepris de lui décrire Clément, le métro, secouez-la-moi, et la suite. J'aurais tant préféré une situation dramatique à ce débordement de bonne humeur ignoble.

– C'était peut-être idiot de ne partir qu'à deux, pour cette expédition en 4x4, concluai-je. Le confinement peut générer une instabilité imprévue.

Le juge hocha la tête :

– Sauf que vous n'étiez pas en panne de 4x4 dans le désert du Kalahari, mais en train de restaurer votre garage avec votre beau-frère dans les Deux-Sèvres, que le plus proche voisin était à trente mètres, et que si vous aviez du mal à supporter sa conversation, il vous suffisait de le mettre dans sa voiture et de le renvoyer chez lui.

– C'est vrai, admis-je en baissant les yeux. Je n'aurais jamais dû faire ce chantier avec lui, mais je n'avais personne d'autre pour m'aider. J'ai cru que je pourrais supporter.

Le juge me fit rencontrer plein d'autres gens qui m'interrogèrent sur mon mauvais caractère, ma susceptibilité, et d'éventuelles bouffées d'agressivité. Je tentais de leur expliquer Clément, Hegel, et les tabliers à vaisselle. En pure perte. Ces gens-là n'avaient jamais été enfermés dans une cave avec une radio commerciale. En tout cas, ils conclurent à un équilibre suffisant et à la totale responsabilité de mes actes, ce qui semblait pur bon sens. N'importe qui à ma place aurait agi de même. En conséquence, ils me déclarèrent également repentant et inoffensif, ayant agi sous une impulsion inexpliquée. Aussi, je fus ramené devant le juge.

Récapitulons. Nous étions deux, le juge et moi, dans cet ancien poste perdu du désert du Kalahari, par 50° à l'ombre, avec comme seul relief dans l'horizon rectiligne, l'épave de cette saloperie de merde de 4x4 qui nous avait lâchés au mauvais moment. Au lieu de prendre la situation à bras-le-corps, aussi dramatique fût-elle, mon compagnon n'arrêtait pas de jouer avec un coupe-papier en me posant des questions oiseuses.

Histoire de l'archange qui faisait des expériences sur les humains

L'archange Bérenger faisait de grands mouvements de manches pour cacher son embarras.

– J'ai voulu faire une expérience, disait-il. Vous comprenez, les humains sont si exaspérants avec leurs histoires d'argent. Ils sont tous là, à courir après l'argent, à pleurer parce qu'ils n'en ont pas, à trembler parce qu'ils en ont, et à pleurer encore parce qu'ils en veulent toujours plus. C'est insupportable. Un jour, j'ai craqué : j'ai voulu en pousser un au bout de son avidité.

Saint Paul rembourra le nuage sur lequel il était assis et allongea les jambes en soupirant :

– Racontez-moi tout.

– J'en ai pris un au hasard. Le sort est tombé sur ce Jonathan Dupré, 32 ans, employé aux écritures, parce qu'il était représentatif : toujours à pleurer après la fortune qu'il n'aurait jamais, à jalouser le voisin. En plus, il jouait tous les jours à un jeu de hasard particulièrement stupide : le Késaco. Vous savez, une de ces loteries à grande diffusion. Je lui suis apparu à la sortie du tabac. Je lui ai dit : « Tu veux du fric ? T'en veux vraiment ? Je t'en donne autant que tu veux ! »

Il a commencé par rigoler, il me prenait pour un fou, évidemment. « File-moi cinq mille boules, ce sera un bon début », qu'il me dit.

Je m'attendais à rire de sa tête d'abruti devant les 30 ou 40 briques en grosses coupures qui débordèrent de ses mains, j'en fus pour mes frais. Il a seulement pensé que c'étaient des faux billets, et qu'en plus d'être fou, je pouvais être dangereux. Il a commencé à avoir peur. Et moi à m'impatienter.

– Va à la banque leur demander, crétin, si tu me crois pas !

Il l'a fait. Quand il en est ressorti, de la banque, il était tout drôle. Il m'a dit avec un air doucereux et infect de veulerie apeurée :

– Et vous pouvez m'en donner autant que j'en veux ?

– C'est exactement mon intention.

Après ça, il a vite compris. Ah je vous jure, si on usait de cette méthode pour les convertir, les humains, y aurait pas beaucoup d'incroyants sur Terre, c'est moi qui vous le dit !

– Bref, dit saint Paul en jouant pensivement avec des volutes de vapeur d'eau, qu'est-ce qu'il a fait alors ?

– Ils ont si peu d'imagination que c'est authentiquement déprimant. D'abord, il a fait une orgie d'écrans, de portables, et autres machins électronico-électriques. Ça, c'était tellement minable qu'il s'en est vite rendu compte. Il est passé à l'étage au-dessus : la BMW, la villa sur la côte avec piscine, le château en Normandie.

– Votre expérience n'avait rien de vraiment surprenant.

– Ce n'était qu'un début. Mon spécimen s'est contenté de ces babioles, juste le temps d'apprendre ce qu'achètent les vrais riches. Il a été très vite au parfum : il m'a demandé le yacht, le jet privé, la Rolls, la propriété aux Caraïbes, le haras à Maisons-Laffitte et le domaine viticole à Bordeaux. L'imbécile a tenu absolument à l'appeler Château-Dupré. Et pour garnir le tout : top-models internationaux dans son lit, stars du show-biz et de la politique à sa table. Pendant quelques jours, Jonathan Dupré a cru qu'il avait tout.

– Là, il a dû se calmer un peu, non ?

– Oh non ! Il a commencé à fréquenter les autres riches. Ce ne fut plus d'être riche dont Jonathan avait envie : il l'était. Le but consistait maintenant à montrer aux autres riches qu'il était plus riche qu'eux. Mais comme il avait déjà la panoplie complète, c'était difficile : il m'a demandé DEUX jets, DEUX yachts, DEUX Rolls. Et puis trois, et puis quatre. Sans pouvoir résoudre son problème. C'est que les riches sont très vicieux entre eux, on croirait pas. Dans les soirées de riches, Jonathan rencontrait toujours quelqu'un pour lui parler d'un riche plus riche que lui. Il m'a demandé de multiplier ses propriétés, ses domaines, ses palais.

– Ça a dû commencer à se savoir, à attirer les journalistes…

– Pas tant que ça. Car plus mon phénomène s'enrichissait, plus il laissait derrière lui les nouveaux riches, les arrivistes et les golden boys. Flair ou instinct, il a vite compris que les riches authentiques ont une classe qui n'appartient qu'à eux et d'abord, qu'ils détestent l'ostentation. Or, mon Dupré voulait devenir l'homme le plus riche de la Terre.

– Oh ! oh !, ça se complique.

– Exactement... Aussi idiot fût-il, lui-même commençait à saisir que ce n'était pas qu'une question d'argent. Que yachts et jets n'étaient que fanfreluches pour amuser les simples d'esprit, que le véritable argent ne brille pas. Bref, il m'en demanda quand même encore des quantités astronomiques pour acquérir un patrimoine multinational d'usines, de groupes, de réseaux qui ferait de lui indéniablement le plus riche de la planète. J'arrivais au cœur de mon expérience. J'étais parti du banal postulat que, quelles que soient ses possessions, l'homme veut toujours plus, et j'avais amené un homme au maximum de ce qu'il pouvait posséder. Convenez que la situation était intéressante...

– Mais il n'y a pas de maximum !

L'archange Bérenger baissa la tête.

– C'est bien là le problème, mon cher saint Paul. Jonathan avait TOUT. Mais il voulut plus encore.

– Je vois venir la plus banale des conclusions ! s'exclama saint Paul. Après le matériel, le spirituel. Votre pupille voulut alors posséder la noblesse de cœur, l'amour, voire le bonheur, et même la santé, toutes ces choses qu'on ne peut obtenir avec l'argent. Comme c'est original !

Bérenger entortillait le bout de sa toge autour de son doigt en toussotant.

– Pas vraiment, dit-il. Jonathan voulait PLUS que tout ça.

– Plus ? Mais quoi donc ?

– Il voulait le paradis, pardi. L'immortalité et le bonheur, c'est bien là qu'ils sont.

– Et vous le lui avez donné ?

– J'avais dit : « Jusqu'au bout ». Pour rien au monde je n'aurais interrompu mon protocole expérimental. Puisqu'il le voulait, je l'ai fait venir.

– Et Jonathan Dupré s'est donc retrouvé à usurper sa place au milieu des élus et des bienheureux ! Bravo, Bérenger ! Et là, il s'est calmé, au moins ?

– Eh non. Dès qu'il a compris que la hiérarchie est la seule possession qui existe ici, il a aussitôt lorgné vers les hauts postes, aux côtés de l'Éternel. Jusqu'où irait-il ? En magouillant avec mes collègues, j'ai réussi à lui créer une charge presque équivalente à celle de saint Pierre à l'insu de ce dernier, mais là, l'expérience arrivait à la limite de mes possibilités.

– Ne me dites pas qu'il voulait plus ?

– J'avais pensé qu'il s'arrêterait là, la sérénité aidant. Mais non : il veut plus.

– La place du Tout-puissant, c'est ça ?

– Oui. Alors voilà : il est en train de faire du scandale et j'ai peur que ça tourne vinaigre. C'est pourquoi je suis venu vous en parler.

– Appelez-le, dit saint Paul.

L'archange Bérenger alla prier l'illégitime saint Jonathan Dupré de venir les rejoindre. Celui-ci s'assit sur un nuage d'un air conquérant et toisa le vénérable saint apôtre.

– Mon cher Jonathan, lui dit ce dernier, réfléchissez bien. Vous voulez Sa place. Mais si vous l'aviez, vous n'auriez plus RIEN à désirer, car après, au-dessus, c'est le néant. Lui, Il supporte ça, parce que c'est Lui. Mais vous, en serez-vous capable ? Croyez-moi : Sa place n'est pas enviable. N'y a-t-il pas une autre chose dont vous pourriez avoir envie avant de vouloir celle-là ? Une seule chose que vous n'ayez pas obtenue ? Prenez votre temps pour réfléchir.

Jonathan Dupré réfléchit pendant trois jours et trois nuits paradisiaques, qui ont sensiblement la même longueur que chez nous vers l'équateur, à la fin desquels il dit :

– Oui, il y a une chose que je n'ai jamais obtenue même au sommet de la puissance : gagner au Késaco.

– Vous voyez qu'il vous reste quelque chose ! sourit saint Paul.

Et Jonathan se retrouva pauvre pécheur en train de faire la queue au guichet d'un tabac qui sentait la sueur et le demi éventé. Il allait connaître un des seuls bonheurs qu'il ait ratés : tirer à ce jeu la combinaison gagnante qu'il avait vainement attendue pendant dix ans. En tremblant, il gratta le ticket, ses yeux s'agrandirent, sa mâchoire s'ouvrit.

– L'enfoiré ! hurla-t-il.

Les trois Cocottes-Minute n'étaient pas alignées, c'était un ticket perdant. Il vociféra vers le ciel :

– Enfoiré de ta mère de saint Paul de mes couilles, tu me paieras ça !

Mais personne ne lui répondit et Jonathan se retrouva aussi pauvre qu'avant, avec pour tout vêtement la toge blanche qu'il portait au paradis. Et tout le monde le regardait, et, comme il continuait à hurler aux nuages : « Tu m'as baisé jusqu'au trognon ! Je viendrai te casser la gueule, archange de merde ! », les clients le prenaient pour un dingue.

– Bon, il se calme ou j'appelle les flics ! menaça la buraliste.

Et là-haut Bérenger disait :

– Merci, saint Paul.

Et saint Paul répondait :

– Et l'archange Bérenger, il va se préparer pour le conseil de discipline…

Histoire du chimiste qui devint aide-cuisinier dans un fast-food

Aurélien Lacoste s'était spécialisé dans une espèce de pomme de terre, la *biloba purpurescens*, originaire d'Amérique du Sud et inconnue en Europe. Botaniste, diplômé d'agronomie, il s'était intéressé à cette pomme de terre car personne ne s'en était occupé avant. Rare, impropre à la consommation car de goût trop amer, plus proche d'une mauvaise herbe que d'un légume, elle ne présentait aucun intérêt sinon celui de remplir sa case dans la nomenclature botanique. Donc Aurélien Lacoste, à peu près certain d'être le seul à s'y consacrer, pourrait écrire dessus une thèse sans craindre de concurrence. Il deviendrait ainsi LE spécialiste mondial de la *biloba purpurescens*, publierait un ou deux articles, peut-être une monographie, et ce serait suffisant pour lui assurer une carrière dans les institutions scientifiques. Il serait présenté dans les congrès comme le grand expert mondial de la *purpurescens*, et c'était déjà mieux que de rester chercheur anonyme dans la grisaille des laboratoires. Sans prétendre à de grandes distinctions, il n'aurait au moins pas de gêneur dans ses semis et personne pour le contredire. Mais, en collectant la documentation préparatoire, il tomba sur un article américain consacré à la *biloba purpurescens.* Il s'effondra. Le domaine n'était plus vierge ! Un foutu laboratoire de l'Oregon, dirigé par un trou du cul de chercheur, s'était consacré à SA pomme de terre ! Devant toute une équipe, américaine de surcroît, Aurélien Lacoste ne faisait pas le poids.

Furieux, il abandonna aussitôt ses recherches, laissa ses plants en plan, fracassa ses semis et se saoula. Trois jours plus tard, il fut bien obligé de revenir dans son labo faire le ménage. Au moment où il pressait dans le broyeur à papiers l'article de ses rivaux vainqueurs, il interrompit son geste *in extremis,* et retira de la machine la page à moitié digérée. Vers la fin de l'article (qu'il n'avait fait que survoler, les yeux brouillés d'aigreur), un paragraphe mentionnait une sous-espèce de la *biloba purpurescens,* que lui-même ignorait, que les auteurs évoquaient en passant et traitaient comme négligeable, la *biloba purpurescens nidosorus.*

Bien sûr, une sous-espèce était moins prestigieuse qu'une espèce, les retombées seraient plus maigres, mais il serait sûr d'en être vraiment le seul spécialiste sur la planète. Et s'il existait une sous-espèce méconnue, rien n'excluait qu'il puisse en trouver une autre. Il se prit à rêver d'une *biloba purpurescens nidosorus* variété *aurélianensis.*

Avant de se lancer, il enquêta dans toutes les universités du monde, écuma Internet et les bibliothèques spécialisées : personne, hormis celui qui l'avait identifiée, n'avait jamais rien écrit sur cette sous-espèce. Une fois qu'il eut acquis cette certitude, il partit pour l'Amérique du Sud où elle poussait à l'état sauvage, pour y rechercher des spécimens. Il en ramena en France avec mille difficultés, en tira des semences, puis il déposa son projet de thèse auprès de son directeur de département, président de l'Institution.

– Alors là, vous m'étonnez, mon vieux. Les patates, je veux bien. Que vous choisissiez un genre qui fait fuir tout le monde, c'est votre droit, mais que vous preniez une sous-espèce aussi insignifiante, je ne comprends pas.

– Je suis certain que j'y trouverai des particularités intéressantes, dit Aurélien, évasif.

Le directeur toussota.

– Ce n'est pas tant l'extrême spécialisation de votre sujet qui m'étonne, mais que sur un créneau aussi étroit, vous soyez déjà deux.

– QUOI ???

Le directeur lui montra le projet déposé : « Monographie de la *biloba purpurescens nidosorus* », par Stéphanie Menon, 2e année de CSP.

Le lendemain, avec l'aide d'un ami employé de l'administration, Aurélien, au bord de l'épilepsie, consulta son dossier. C'était une jeune chercheuse de son niveau. Célibataire, évidemment (avant la thèse c'était communément plus pratique), mais terriblement inquiétante. Dossier brillant, notes irréprochables, le cauchemar pour Aurélien : à la soutenance, elle obtiendrait une mention supérieure à la sienne ; à la publication, son article serait préféré au sien.

La nuit venue, il se rendit à son adresse ; dans le jardin d'un pavillon de banlieue, il éclaira à la lampe de poche l'intérieur d'une serre, au milieu d'un concert d'aboiements. Il n'en croyait pas ses yeux. Sur les étagères, s'étalaient sagement dans des bacs isolants, les plants de *biloba purpurescens nidosorus*, les mêmes que ceux qu'il avait eu tant de mal à se procurer, c'était ahurissant. En une seconde, sa résolution fut prise : on ne pouvait pas demeurer à deux sur un rocher si étroit, ce serait elle ou lui.

Il délaissa ses propres travaux pour compromettre ceux de l'ennemi. Il revint plusieurs fois la nuit, s'introduisit dans sa serre sécurisée par une effraction indécelable, et y répandit un solvant inodore sur les semis, à doses progressives pour éviter tous soupçons. Il suivit sa rivale pendant de longues heures pour repérer ses bibliothèques, ses librairies. En quinze jours, dans les étagères concernant les plantes à tubercules, tous les ouvrages mentionnant la *biloba* furent volés ou amputés de quelques pages. Dans les salles d'études, dès que la jeune fille tournait le dos, un coup de vent faisait disparaître les notes de sa table, elle perdit ses brouillons dans le métro, son ordinateur était toujours en panne, et un jour, une bouteille d'encre tomba même sur l'avant-projet dont elle n'avait pas de copie. De sa voiture, où Aurélien se dissimulait pour l'épier, il voyait bien son humeur se dégrader, une barre soucieuse rayer son joli front, sa peau se ternir de fatigue, mais elle n'abandonnait pas, replantait ses semis, commandait des articles par correspondance. Une nuit, Aurélien vola carrément tous ses bacs et ses semences, et les jeta dans la Seine. Il ricanait d'aise en comparant la désolation qui s'était abattue sur la serre de la jeune fille avec la luxuriance de ses propres plants qui croissaient et multipliaient sans même qu'il s'en occupe.

Pour parachever son offensive, il s'inscrivit aux mêmes séminaires que sa rivale, et fit sa connaissance. Il se montra charmant et plein d'attentions, distillant chaque jour une petite phrase décourageante sur l'étude des bilobas, les difficultés insurmontables et le peu de cas qu'en faisaient les autorités scientifiques. S'il n'avait été envahi de son obsession, il aurait pu tomber amoureux, mais le jour où, dans une crise de sanglots, elle lui confia son intention d'abandonner, il n'y vit rien d'autre que la victoire finale. Il la consola en lui affirmant qu'elle avait bien raison. Il rentra chez lui le cœur en fête pour s'occuper enfin de ses propres plantations, mais quand il eut tourné le coin de sa maison, il s'immobilisa, blême : sa serre avait explosé sous la pression végétale, une véritable forêt vierge envahissait le jardin et la prairie voisine.

La crise alimentaire que provoqua la *biloba purpurescens nidosorus* fut une des plus grave qu'eut à traverser l'Europe. Partie de la région parisienne, cette tubercule immangeable, rare dans son pays d'origine, trouva sous ces climats tempérés des conditions favorables qu'elle n'avait jamais connues. Nul besoin de semis, elle repartait de minuscules tubercules. En quelques années, elle se répandit dans tous les champs du continent, supplantant la pomme de terre domestique dont elle étouffait les radicelles, la production s'effondra, alors même qu'aucune stratégie ne se montrait capable de contenir le fléau. Sa capacité de prolifération inouïe, sa résistance extrême déconcertaient le monde agronomique, pire que le phylloxera, pire que la *caulerpa taxifolia*, l'algue tueuse, ou l'indestructible ambroisie, elle repoussait plus vive là où on l'arrachait. Désarmés devant un végétal qu'ils ne connaissaient pas, les scientifiques ne pouvaient faire appel au seul d'entre eux qui en avait acquis quelques notions, puisque celui-ci était en prison. Vite identifié comme responsable de la catastrophe, Aurélien Lacoste eut beau hurler qu'il n'était pas seul, son inconscience alliée à ses inconcevables négligences s'ajouta au fait qu'occupé ailleurs, il avait délaissé ses propres études. Il ne connaissait rien à son sujet, et ne pouvait donc même pas contribuer à réparer sa faute. Sa seule idée, utiliser un solvant sur les pousses, n'eut aucun effet.

Mais par lui, on découvrit que la seule autre personne compétente en ce domaine était une jeune chercheuse, qui, elle, avait pris toutes les précautions d'usage avant d'être victime d'un cambriolage (on ne trouva d'ailleurs pas une seule *nidosorus* dans sa propriété). Les connaissances avancées qu'elle avait acquises sur cette malédiction permirent d'en trouver la faille génétique, et l'ensemencement de pollens rendus génétiquement déficients permirent d'enrayer la calamité après cinq années de crise.

Pour ses travaux sur *biloba purpurescens nidosorus,* Stéphanie Menon reçut le prix Nobel de biologie. Quant à Aurélien Lacoste, une fois sorti de prison, il rentra comme aide-cuisiner dans un fast-food où il passa ses journées à faire des frites.

Histoire de la famille qui savait entretenir des rapports conviviaux

Dimanche 1er septembre

« Ton père a l'air gai », m'a chuchoté Sophie d'un air moqueur en passant à table. C'était vrai, Papa arborait un large sourire, je le vis même échanger quelques bons mots avec oncle Germain pendant que nous buvions l'apéritif.

Ce n'est qu'une fois installé devant son assiette, que mon père donna libre cours à sa bonne humeur en lançant sa traditionnelle plaisanterie : « Les carottes râpées, ça donne les cuisses roses ! », au moment précis où un silence consterné tombait sur les convives. L'assistance venait de s'apercevoir avec des sentiments mêlés que la chaise de cousin Thomas restait obstinément vide. Aussitôt, un réflexe de conservation s'empara des commensaux, et tout le monde s'efforça de faire comme si tout était normal. Moi-même, qui n'avait jamais aimé Thomas, je m'étonnais de cette disparition aussi inattendue : deux jours auparavant, il discutait avec mon père de la nouvelle porte automatique pour le garage et Papa lui avait renouvelé sa confiance devant tout le monde : « Fais pour le mieux, je compte sur toi. » Rien ne laissait prévoir sa chute.

Pendant tout le repas, le clan Thomas (ma sœur Agnès et mon beau-frère Marcel) resta blême de terreur. Tout pouvait arriver d'ici au dessert, ils avalaient leurs plats avec difficultés. Je crus effectivement que ça allait barder quand cette imbécile de Gisèle dit de sa voix niaise : « Ben où il est, Thomas ? Pourquoi il vient pas manger ? »

Suivi par quatorze paires d'yeux écarquillés, mon père avala son radis, posa son couteau et répondit d'un air très naturel :

– Il ne se sent pas bien. Il m'a demandé de l'excuser.

Même les ennemis de Thomas, à cet instant, frémirent dans leurs sièges. Quant à moi, je tentais de garder la voix claire quand ce fut mon tour de parler de l'arrosage du gazon.

Mercredi 3 septembre

Sophie a eu avec mon beau-frère une conversation édifiante. C'est oncle Germain qui a précipité la chute de Thomas en apportant à mon père la preuve d'un complot que son neveu préparait pour le choix du programme de télévision. Complot réel ou imaginaire ? Sophie le sait peut-être, mais je ne suis pas sûr que mon épouse me dise tout. Ses relations de plus en plus étroites avec tante Clara et oncle Germain ne me plaisent pas beaucoup. La méfiance envers tout le monde, ici, c'est la règle.

Toujours est-il que sans son chef, le clan Thomas s'est vite volatilisé. Marcel est confiné dans la réparation de la fosse septique, heureux de s'en tirer à si bon compte. Quant à Agnès, elle a opéré un revirement spectaculaire, en jurant à mon père soutien et fidélité.

Papa m'a convoqué ce soir et m'a demandé si, à la place du gazon, je ne préférerais pas m'occuper des courses et de l'entretien de la voiture. Flatté et ému par tant de confiance, j'ai accepté.

Samedi 7 septembre

Évidemment, la prise de mes nouvelles responsabilités n'a pas été sans provoquer haines et rivalités, surtout pour les courses, domaine que tante Edna croyait définitivement en son pouvoir depuis la disgrâce de ma mère. Elle n'admet pas que je puisse remettre la main sur un domaine aussi profitable car susceptible de tous les trafics juteux. Avec fermeté mais justice, je me promets d'y remettre bon ordre.

Par contre, ma chère épouse Sophie est étonnée par ma brutale ascension, et je redeviens fréquentable.

Dimanche 8 septembre

Premier repas dominical dans la nouvelle configuration. Pour qu'on ne voit pas les trois sièges vides, la table a été raccourcie. D'ailleurs, tout doit se passer comme si les disparus n'avaient jamais existé. Malgré son zèle tout neuf, Agnès n'a pu chasser la défiance : elle est reléguée au coin le plus éloigné de la table. Quant à moi, je me suis retrouvé deux places plus proche de mon père, et sous le regard vivement intéressé de mon épouse et de Clara, il m'a adressé six fois la parole. Mais le plus beau, ce fut au dessert lorsqu'il me rendit un hommage appuyé en me félicitant sur la qualité des yaourts.

Mardi 10 septembre

C'est incroyable ! Je n'aurais jamais pensé que c'était si facile. Tout ce que je dis est approuvé, tout ce que je fais est encouragé. Toute la maisonnée semble résignée à ma nouvelle faveur, mes alliés, de plus en plus nombreux, applaudissent ; mes ennemis se taisent, matés. Mon influence n'est plus contestée, mais gardons-nous de l'ivresse du pouvoir.

Il semble que mon père ait enfin reconnu mes mérites ; je crois que je vais profiter de ses bonnes dispositions pour lui parler de mon grand projet.

Samedi 14 septembre

Ce matin, j'ai confié à Papa l'entreprise qui me tient à cœur : construire un bassin à poissons rouges dans le jardin de devant. Excellente idée, a-t-il dit. Je ne lui ai pas caché que ça risquait de coûter cher. « L'ambition demande des sacrifices, a-t-il répondu. On prendra sur d'autres postes. »

Vendredi 20 septembre

Maintenant, Papa me consulte sur tous les sujets importants de la maison. Si la couleur de la moquette du couloir est encore assez vive, si son petit-neveu doit continuer ses études, si l'on doit liquider les membres pourris de la famille avant qu'ils ne deviennent dangereux ou attendre qu'ils se trahissent, si l'on doit acheter du fromage allégé ou à 30 %, et si on va en vacances à la mer où à la montagne. « À la mer », ai-je répondu avec une mâle décision. « Je préfère la montagne », a répondu Papa. Fort du soutien de ma femme qui m'avait assuré l'appui de toute la maisonnée, j'ai pris sur moi d'insister. « Comme tu voudras », a répondu Papa.

Dimanche prochain, je pense faire revenir maman à la table dominicale.

Jeudi 26 septembre

La journée a commencé par une épouvantable dispute entre tante Clara et oncle Germain sur des histoires de W-C toujours occupés. Comme je tentais de m'interposer, Clara me dit : « Toi, la grande nouille, ta gueule, on t'a rien demandé ! », mais je n'eus pas le temps de répondre, on sonna : c'était le maçon que j'avais fait venir pour le devis du bassin. Il est difficile de faire le compte de mes véritables alliés. Qui est prêt à me soutenir jusqu'au bout ? Le bac à poissons prend pour moi de plus en plus d'importance, j'essaie de rallier les opposants et les tièdes à ma cause. Je n'ai pas réussi à voir Papa de toute la journée pour lui montrer le devis.

Samedi 6 octobre

Malgré tout ce que m'affirment Sophie et oncle Germain sur le soutien que m'accorde leur clan, j'entends des bruits de couloir, et je sens monter comme une sourde hostilité. J'ai affirmé à mon beau-frère Marcel que je ferais tout mon possible pour le faire revenir dans les faveurs de mon père, mais il ne m'a pas caché son scepticisme en me répondant « Casse-toi, pauv'con, ou je t'éclate le nez. » Plus inquiétant : quand j'ai montré le plan du jardin à ma sœur, elle a éclaté de rire, en me disant que l'emplacement que j'avais choisi pour le bassin était pile celui où Papa avait décidé le matin même de construire le barbecue. Aussitôt, je voulus voir mon père pour lui demander des explications, mais Clara sortit du bureau avec un sourire hautain et m'affirma que Papa avait mal à la tête et qu'il ne voulait voir personne.

Dimanche 7 octobre

Je ne vis pas venir l'attaque. Ce dimanche, le visage de mon père était impénétrable. En s'asseyant, il s'abstint de toute plaisanterie et ne me jeta pas un regard. Puis il repoussa son assiette en s'étonnant de manger des concombres aussi infects. Comme j'allais ouvrir la bouche pour protester, il s'adressa à l'assistance, et déclara dans un silence tendu, que nous passerions les vacances à la mer malgré ses préférences, puisque tel était, à en croire son fils, le désir de tout le monde. Ce qui souleva une tempête de protestations autour de la table, chacun hurlant son engouement pour la montagne. Comme je me tournai vers Sophie pour quérir des explications, Edna entra l'air navré, expliquant que nous n'aurions pas de viande pour ce dimanche, car le rôti avait dépassé la date de péremption. C'était faux, je le savais bien, mais je n'essayai même pas de dénoncer cette grossière machination, c'était trop tard : j'étais déjà condamné. Mon père avait décidé ma perte et sans doute déjà choisi mes remplaçants. Pas un murmure ne s'éleva autour de la table pour prendre ma défense.

Sans date

Dans la buanderie où j'ai été relégué après ma liquidation, j'ai essayé de comprendre pourquoi le projet du bac à poissons rouges avait entraîné ma chute. Je faisais fausse route. Thomas, qui nettoyait la cuve à mazout, croyait savoir que ma disgrâce datait précisément du dimanche où, après la traditionnelle plaisanterie sur les carottes qui rendent les cuisses roses, j'avais ajouté : « Et les tomates, ça rend spirituel. » Je dois me rendre à l'évidence : je n'ai pas l'habileté requise pour évoluer dans les sphères du pouvoir.

Histoire du cadavre qui ne voulait surtout pas se faire remarquer

Au cours des cinquante dernières années, par deux fois, un cadavre avait été volé de la morgue de Lyon-St Cyprien. Une fois par un de ces malades qu'on appelle nécrophiles et qui s'amusent à jouer à la poupée gonflable avec de la viande froide, la deuxième dans une tentative de destruction de preuves avant autopsie au cours d'une affaire mafieuse. Ces deux fois, les intrus avaient profité de la faible surveillance de l'établissement, fondée sur le fait qu'il est rare que les pensionnaires s'en évadent. Aussi, quand le directeur constata que l'inventaire quotidien des corps en dépôt comportait une anomalie, il envisagea avec terreur un autre vol de cadavre semblable aux précédents, lesquels avaient quand même fait pas mal de dégâts dans les notes administratives et les carrières du personnel de l'époque. Mais Mortier, l'employé, montra l'écran du doigt.

– Non, m'sieur Guterriez, regardez bien, c'est le contraire. On devrait se retrouver avec 36 clients, on en décompte 37.

Le directeur éprouva un certain soulagement, aussitôt suivi d'un sursaut :

– Enfin, Mortier, il s'agit évidemment d'une erreur ! Que voulez-vous que ce soit d'autre ? Recomptez, revérifiez.

– C'est déjà fait, m'sieur Guterriez. Au jour d'aujourd'hui, on a trente-six dossiers et trente-sept corps, y a pas à tortiller.

– Écoutez Mortier : 36 dossiers, 36 étiquettes d'identité sur les compartiments, celui qui n'a pas d'étiquette est votre problème, c'est pas plus compliqué !

– Ils ont tous des étiquettes, m'sieur Guterriez.

Le directeur soupira.

– Bon. Imprimez-moi le fichier, je descends vérifier avec vous.

Les lampes au mercure du 3e sous-sol mettaient les vivants et les morts sur un pied d'égalité : toutes les peaux paraissaient verdâtres dans l'air glacial. Les voix résonnaient sur le carrelage blafard.

– C'est lui ! C'est ici ! Venez ! C'est celui-là, M'sieur Guterriez ! criait Mortier, comme s'il venait de découvrir un puits de pétrole.

Il désignait un tiroir du niveau inférieur.

– C'est parce que j'ai compté les étiquettes de loin, j'ai pas regardé de près, s'excusa-t-il en montrant le rectangle blanc d'un doigt tremblant d'incrédulité.

Contrairement aux autres étiquettes qui étaient informatiquement imprimées, celle-ci était rédigée à la main.

– « Jean-Pierre Hucek, 42 ans, habitant Lyon... » Qu'est-ce que c'est que cette connerie ? dit le responsable en déchiffrant le carton. Qui a pu s'amuser à faire ça ? Mais ouvrez-moi ça, Mortier, qu'est-ce que vous attendez ?

Le tiroir glissa hors de son logement et l'employé actionna la crémaillère qui le hissait à hauteur d'examen. Les deux fonctionnaires restèrent longtemps à contempler le corps en silence. C'était un inconnu sans blessure apparente, au visage banal, sans signe particulier. L'employé finit par marmonner plusieurs fois de suite. « Mais d'où il sort, celui-là ? »

– Qui était de permanence, cette nuit ? demanda Guterriez.

– Mais moi ! Moi ! sanglota presque Mortier. Et hier soir quand j'ai pris mon service, il n'était pas là ! Je vous jure !

On n'avait pas déplacé moins d'un divisionnaire : le directeur de l'institut médico-légal ayant réclamé à son ami le préfet une rapidité proportionnelle à la discrétion pour régler cette extravagante affaire. Comme le directeur, comme les médecins d'anapatho, comme tous ceux mis au courant de l'affaire, le commissaire resta longtemps perplexe devant le corps.

– J'ai entendu des histoires de disparition de cadavre dans les morgues, mais des cadavres en trop, jamais, commenta-t-il en hochant la tête.

– Nous non plus, renchérit le directeur.

– Vous l'avez touché ? demanda-t-il.

– Ben oui, au moins pour voir s'il n'avait rien d'apparent dans le dos, dit Mortier.

– Il ne fallait pas. L'identité judiciaire doit faire son boulot.

– Avouez qu'en général, elle le fait avant que ses patients arrivent ici, dit le directeur.

– Oui, bon. De toute façon faudra une autopsie pour savoir de quoi il est mort. Mais quel que soit le résultat, j'ai du mal à imaginer des types entrant de nuit par effraction, descendant au sous-sol rien que pour poser un corps dans un tiroir sans oublier l'étiquette, avant de repartir par le même chemin. Celui qui pourrait échafauder la plus petite explication, ne serait-ce qu'une hypothèse d'école, il serait fort.

Il se tourna vers l'employé.

– Et vous êtes sûr de n'avoir rien entendu, rien remarqué de particulier ?

– Rien de rien. Pourtant, ils étaient au moins deux pour le porter, c'est impossible que je ne les aie pas vu passer.

Quelques instants plus tard, alors que le directeur raccompagnait le policier à la grille, ce dernier lui demanda :

– Dites-moi, votre Mortier, là, c'est pas un syndicaliste ? Un de ces autonomes remuant ?

– Pourquoi vous me demandez ça ?

– Il n'y a pas de trace d'effraction. Votre employé était seul, il aurait pu l'amener lui-même, votre défunt surnuméraire... Je ne sais pas, moi, pour montrer qu'il n'y a pas assez d'employés, que le service public est en danger, pour dénoncer des privatisations rampantes. Par les temps qui courent, ils craignent tous les réductions de personnel, l'automatisation. Et ça leur donne de l'imagination pour aller chercher des coups tordus, on voit ça tous les jours ...

– Vous savez, en dehors des hôpitaux et de l'institut médico-légal, ça fait déjà un moment que les morgues sont privatisées, répondit Guterriez. Ça s'appelle des funérariums. Non, Mortier n'est pas un activiste.

– Dommage. Ça faisait au moins un début d'hypothèse, ricana le policier. Avouez que ça fait désordre, votre histoire. On se croirait en Afrique.

– Je ne voudrais pas vous apprendre votre boulot, mais plutôt que de soupçonner mon personnel, vous pourriez peut-être chercher la trace de ce type ? Après tout, vous avez au moins un nom.

Le commissaire soupira.

– C'est déjà fait, cher monsieur. Inconnu des services de police, s'il n'est pas sur l'annuaire, s'il n'est pas signalé au fichier des disparus, c'est pas si facile à retrouver. Mais on y arrivera, si ce n'est pas un faux nom.

Ce n'est que le surlendemain que le directeur invita le commissaire à passer d'urgence à son bureau. On avait trouvé une lettre dans l'ancienne boîte aux lettres, désaffectée depuis longtemps, ainsi qu'un paquet de vêtements et un petit flacon dissimulés sous un bac d'examen. La lettre disait ceci :

Messieurs,

Je m'appelle Jean-Pierre Hucek, j'ai été toute ma vie obscur employé aux écritures, d'une discrétion et d'une timidité maladive, je n'ai jamais fait parler de moi. J'ai décidé de mettre fin à mes jours pour des raisons person-

nelles, mais rien que l'idée de déranger qui que ce soit par ce geste, de traumatiser les témoins, d'importuner les pompiers, de déplacer l'ambulance, me gâcherait mes derniers instants. Aussi ai-je entrepris de faire ce travail moi-même. Connaissant la morgue de St Cyprien (car je suis venu y reconnaître un lointain parent il y a quelque temps), j'avais déjà vu les lieux et les procédures, je me suis discrètement renseigné sur la rotation du personnel. Ainsi, pénétrer de nuit a été assez facile, et même assez enivrant comme dernier verre de rhum. Je me suis glissé au 3ᵉ sous-sol. J'ai choisi un tiroir (pas trop haut pour éviter les acrobaties), j'y ai apposé l'étiquette que j'avais préparée pour vous simplifier les choses, je me suis déshabillé (je m'étais lavé avant, je sais que vous lavez toujours les corps), j'ai avalé un mélange de poison et de somnifères, j'ai caché le flacon avec mes vêtements, et si tout s'est bien passé, j'ai juste eu le temps de me glisser dans mon tiroir avant de mourir, sur le dos, les bras allongés le long du corps comme vous avez coutume de disposer les cadavres. La difficulté pour moi consistera à fermer le tiroir tout en restant dedans, mais je compte bien y arriver. J'espère que je ne vous aurai pas apporté trop de dérangement. Je vous transmets mes salutations posthumes.

J.-P. Hucek

Le commissaire haussa les épaules en reposant le papier.

– Bon, ben voilà l'explication. J'aimerais bien que mes clients montrent autant de bonne volonté.

Le directeur tapota la table, rêveur… :

– La morgue en self-service… C'est pas con, ça… Ça me donne une idée…

Histoire d'une fan légèrement envahissante

Quarante millions d'exemplaires vendus dans le monde, traduit en douze langues, c'était le palmarès du dernier roman de l'Anglais Jillian Hull. Le précédent s'était vendu à trente millions et le précédent encore à vingt-cinq millions. Autant dire que pour l'industrie de l'édition, britannique comme mondiale, Jillian Hull était une fontaine d'or liquide, un arbre à diamants toujours plus fécond. Entre la valeur marchande du personnage et la sollicitude frénétique dont l'entouraient ses millions de lecteurs, on avait érigé autour de lui un mur de protection digne d'un chef d'État. Nul ne connaissait son domicile, rien ne transpirait de sa vie privée, en dehors de la communication officielle de son éditeur, sa protection rapprochée avait été confiée à la plus célèbre agence de sécurité du Royaume-Uni, qui ne lésinait pas sur les moyens. C'est qu'à ce stade de notoriété, les fans deviennent une véritable nuisance, ils se connaissent, se fréquentent parfois, vivant ensemble les interminables séances de planque en compagnie des paparazzis, pour entrevoir ne serait-ce qu'un reflet de leur trésor ou un écho indirect, sa voiture, sa secrétaire, son chien.

Nelly Plunkett faisait partie de ces hystériques. Obscure admiratrice parmi la foule, elle avait décrété à partir du 3e roman que c'était Jillian Hull et nul autre qui exprimait le plus précisément les passions, les extases, les douleurs et les tourments compliqués qui occupaient sa petite tête à elle et le fait que des millions d'autres lectrices pouvaient ressentir la même chose ne l'effleurait pas. Jusqu'au jour sombre où elle découvrit que l'héroïne du dernier roman de Jillian Hull, c'était elle. Tous les détails y étaient, sa vie, son histoire, tous les secrets de sa personnalité. Comment l'écrivain avait-il pu savoir ? Comment avait-il pu s'approprier sa vie entière ? Tout ça pour la trahir. Car il l'avait trahie. Après avoir étalé son intimité sur tous les étals de la planète, après avoir exploité sa chair et son âme pour en faire de l'argent, l'avoir livrée en pâture à son public vulgaire et voyeur, il l'avait abandonnée, n'avait jamais répondu à ses lettres que des formules insultantes, et la fois où elle avait réussi à le croiser, il ne l'avait même pas regardée. De ça, il devrait s'en expliquer, la vie de Nelly ne fut plus consacrée qu'à ce but. Mais s'attaquer à Jillian Hull, c'était autre chose que de solliciter l'autographe d'une star ordinaire. Elle comprit très vite que le filtrage si étanche autour de l'écrivain ne lui donnait aucune chance de l'approcher par les moyens ordinaires. Elle abandonna les planques pour une stratégie beaucoup plus élaborée.

Profitant de sa connaissance des langues, elle se fit engager comme rédactrice au service de presse des éditions Common Place, chanceux éditeurs de l'écrivain prodigue ; elle était encore loin du bataillon d'attachées de presse qui travaillait exclusivement pour Jillian Hull, mais elle s'en approchait.

Elle s'attendait à des mois de patiente progression, et ce fut si simple qu'elle n'aurait jamais pu l'imaginer. Trois semaines plus tard, par une accumulation de circonstances propices, une épidémie de grippe, des grèves de transport, doublées d'un malentendu de l'agence de sécurité qui attendait à l'autre aéroport, Nelly se retrouva la seule collaboratrice de l'éditeur disponible pour aller chercher Jillian Hull à sa descente de l'avion et le conduire à son palace. Le moment était venu. Et c'est ainsi que la star internationale de l'édition connut la désagréable situation de se trouver face au trou noir du canon d'un pistolet, dans un parking désert de lointaine banlieue où cette malade l'avait amené.

Curieusement, Nelly ne sentait aucune émotion. Quelques mois plus tôt, à la perspective de cette scène, elle se serait évanouie, mais là, elle se sentait froide et calme, et considérait même avec un certain détachement l'écrivain muet et en sueur. Il ressemblait bien à ses photos, sans la pâleur et les tremblements.

– Calmez-vous. Vous connaissez le film *La Valse des pantins* ?

Jillian Hull hocha la tête affirmativement, incapable de prononcer une syllabe.

– Le film raconte en gros ce qui est en train de vous arriver, le fan qui capture sa star, au détail près que je ne suis pas amoureuse de vous. Je veux simplement savoir d'où vous sortez tous les détails du personnage nommé Anna dans votre dernier roman. C'est tout.

Dès qu'il eut écarté l'hypothèse la plus probable, celle du rapt crapuleux, l'écrivain redoubla d'angoisse : la réalité était bien plus inquiétante. Il parla avec effort :

– C'est l'inspiration d'un écrivain... on ne sait pas d'où ça vient... euh... la maison d'Anna ressemble à toutes les maisons, un toit, un jardin...

– De quoi vous me parlez ? Anna n'a jamais eu de maison, elle a toujours vécu en appartement. Vous ne savez pas ça ?

– Oui, j'ai confondu... j'ai oublié... vous m'embrouillez...

– Vous vous foutez de moi ?

Malgré elle, sa voix se fit violente. Un profond soupir y répondit :

– Et merde ! Bon, écoutez, je vous dis tout. Je ne suis pas Jillian Hull.

– Pardon ?

– Jillian Hull n'existe pas. Je m'appelle Andy McCord, je suis comédien professionnel et je suis payé pour jouer un rôle. Jillian Hull n'a jamais existé.

– La peur vous fait raconter n'importe quoi.

– Je vous le jure ! Jillian Hull est une pure création industrielle. Un produit issu des études marketing les plus poussées ! Aucun humain ne pourrait suivre son rythme de best-sellers mondiaux, ça n'est jamais arrivé ! Les plus chanceux en ont fait deux ou trois, pas dix. Ses romans sont écrits par un desk d'une vingtaine de rédacteurs haut-de-gamme qui obéissent à des simulations informatiques sur les attentes et les désirs des lecteurs de la planète, toute l'affaire n'est qu'une création marketing ! Ils ont trouvé la formule, c'est tout !

Sa voix se précipitait comme s'il sentait un fléchissement dans la volonté de sa persécutrice.

– Regardez ses piles de romans dans les supermarchés, couverts de dorures, entourés de diodes clignotantes, ce ne sont pas des romans ! Ce sont des produits, et moi je suis l'image de marque ! Comment pouvez-vous expliquer autrement un filtrage aussi délirant ?

Le canon du pistolet se redressa dans l'obscurité, envoyant un reflet menaçant.

– D'où sortent les détails d'Anna dans le dernier roman ?

Il eut un hoquet de terreur.

– Mais j'en sais rien ! J'y suis pour rien ! On ne me dit que ce que je dois ânonner devant les télés ! éclata le prisonnier. Oh ! je savais que ça tournerait mal un jour.

– Vous mentez. Ce que vous me dites n'est pas possible. Je sais qu'ils en rêvent, de la formule magique, tous les éditeurs du monde en rêvent, mais elle n'existe pas. Seul un humain a pu écrire ça, seul Jillian Hull a pu pénétrer dans ma vie pour apprendre des détails que je suis seule au monde à connaître. Mes amies d'enfance, mon premier amour, mes espoirs secrets, mais il y surtout un point qui exclut toute coïncidence. Il est si trivial et si intime, que je ne l'ai jamais dit à personne, même mes amants ne l'ont pas su. Et pourtant, de ce détail, tous les journalistes ont parlé, ils trouvaient que c'était une idée si amusante, monsieur Hull. Le coup de la tache de vin congénitale, ça s'appelle un angiome plan, dissimulée dans les poils du pubis de l'héroïne, fallait le trouver, ça ! Vous voulez que je vous montre ? Comment Jillian Hull aurait-il pu inventer ça ?

L'homme répondit dans un murmure, comme s'il parlait avec mille précautions.

– Il n'aurait pas pu, effectivement. D'ailleurs, il ne l'a pas inventé. Et il n'y a qu'une seule vérité pour expliquer ça : Jillian Hull, c'est vous. Ne vous fâchez pas... C'est vous qui avez puisé les détails dans votre propre vie, c'est normal pour un écrivain... Posez cette arme, Jillian. Tout va bien se passer. Ça va aller mieux. Je vais vous emmener à votre hôtel, nous allons retrouver la directrice du service de presse, elle est votre amie. Moi, je ne suis rien du tout, Jillian. Juste un petit attaché de presse qui vient vous chercher. Je sais que vous êtes fatiguée et que vous avez des crises, mais c'est fini, maintenant. On va rentrer.

Sa main se referma sur le pistolet qui pendait mollement. Il le lui arracha et le jeta par la fenêtre.

Avec un soupir, il démarra la voiture et sortit son téléphone portable.

Le psychiatre interrompit ses notes et dévisagea les personnes autour de la table, tous les cadres de Common Place.

– Oui, elle a recommencé… Comme la dernière fois. Une rechute, tout y est : dédoublement de la personnalité, distanciation paraphrénique, délire de persécution et tout le bastringue !

La directrice de la com surenchérit :

– Elle s'est construite une histoire de fan d'elle-même ! Vous vous rendez compte ? Elle planquait devant chez elle pour se guetter elle-même !

– Mais le pire, c'est qu'elle avait un flingue, ce coup-ci ! dit l'attaché de presse. Chargé ! Elle me prenait pour elle ! Vous n'imaginez pas tout ce qu'elle a été inventer. J'en peux plus, moi ! Je supporte plus les génies ! Je rends mon tablier.

– Vous serez largement indemnisé, monsieur Mc Cord. Jillian Hull est un auteur particulier qui mérite un traitement particulier. L'édition reste un métier à risque, faudrait pas l'oublier.

Histoire du cadeau que vous êtes fou fallait pas non vraiment fallait pas

– Oh ! oh !, dit Anatole en secouant le paquet. Qu'est-ce que c'est ?

Julien eut un sourire énigmatique. Le papier-cadeau ne laissait percer aucun indice. Hormis sa forme parallélépipédique, de la taille d'un carton à chaussures, ni le bruit, ni le poids n'en laissait deviner le contenu.

Anatole arracha le papier, tout prêt à s'exclamer, comme tout un chacun : « Oh ! Comme c'est gentil ! Un (ici le nom du cadeau) ! Quelle bonne idée ! J'en avais justement envie ! », autant par sincérité que par élémentaire politesse. Mais là, une fois le papier ôté, Anatole ne dit rien, et le silence général trahit une égale perplexité dans l'assistance.

Il retournait dans tous les sens un bloc métallique satiné, assez léger pour être creux, mais qui, si c'était une boîte, ne présentait aucune trace d'un quelconque système d'ouverture, ni le moindre petit signe qui eût pu renseigner sur son contenu.

Désespérant de ne pouvoir s'exclamer : « Oh ! Quelle bonne surprise, c'est un (ici le nom du cadeau) ! » et craignant de vexer Julien par un trop long silence, Anatole finit par se tourner vers lui en répétant :

– Mais qu'est-ce que c'est ?

Le plus étonnant, c'est que le donateur lui-même semblait perplexe. À tel point qu'il reprit son cadeau pour l'examiner de plus près.

– C'est un jeu, dit-il d'un ton incertain.

– Un jeu ? Quel jeu ? demanda Nathalie.

– Ben... Je sais pas, avoua Julien, gêné.

– Comment ça, tu sais pas ? s'étonna Léa.

– Oui, c'est comme ça, dit Julien avec humeur. J'étais pressé par le temps, je suis entré dans un magasin de jeux, et j'ai dit : « Je voudrais un jeu intéressant et original pour offrir à un ami, je suis pressé, je vous fais confiance. » Quand je suis repassé le soir, le patron n'était pas là, ni le vendeur, ni la caissière. Y avait qu'un employé en larmes qui n'était pas au courant.

– En larmes ?

– Oui, je sais pas pourquoi, un chagrin d'amour, un rhume des foins... Bref, le paquet était emballé, posé sur le comptoir avec mon nom. Je l'avais payé, je l'ai pris. Je sais pas ce que c'est. Il doit bien y avoir un moyen d'ouvrir cette boîte !

– C'est peut-être ça, le jeu ! rigola Anatole. Trouver le moyen d'ouvrir la boîte...

Tous se mirent à scruter l'objet millimètre par millimètre.

– Y a pas la moindre fente, dit Julien qui s'était muni d'une loupe. À mon avis, ce truc-là n'est pas fait pour s'ouvrir.

– Il est fait pour quoi, alors ? demanda Nathalie.

Julien haussa les épaules.

– On n'entend rien, en tout cas, dit Anatole en secouant son énigmatique cadeau.

Il reposa la chose verticalement sur un guéridon.

– C'est peut-être pas une boîte, suggéra Léa. C'est peut-être juste pour faire joli, comme ça. Une sculpture, quoi…

– On pourrait essayer de l'ouvrir avec un ouvre-boîte, proposa Nathalie.

– Mais si c'est une sculpture, tu vas l'abîmer, dit Léa.

– C'est pas une sculpture, puisque c'est un jeu, objecta Anatole.

– Combien tu l'as payé ? demanda Nathalie à son compagnon.

– C'est ça ! C'est poli de dire le prix d'un cadeau !

– Ça nous donnerait une indication.

– 50 euros, dit Julien.

– Ben pour un trentième anniversaire, tu t'es pas fendu, observa Nathalie.

Comme Julien sursautait, Anatole crut bon d'intervenir.

– Allons, c'est pas le prix qui compte ! Et puis, on va pas passer la soirée là-dessus. Demain, Julien ira demander au marchand ce que c'est et comment ça marche, et voilà tout.

– Tu iras toi-même, c'est ton cadeau, dit sèchement Julien. L'adresse est sur le papier.

– Eh ! Oh ! C'est pas parce que tu t'es fait avoir que tu dois t'en prendre à moi ! s'indigna Anatole. Je t'ai pas reproché ton cadeau foireux, moi ! J'ai pas dit un mot !

– Foireux ? Je peux me tirer tout de suite, aussi ! Tu nous invites à ton anniversaire du bout des lèvres, t'imagines pas que je vais t'offrir une Ferrari ! Viens, Nathalie, on se casse !

– Julien ! cria l'interpellée. Calme-toi ! Tu es ridicule ! Ça va pas, non ? Pars si tu veux, moi, je reste !

– C'est ça ! Reste ! Reste toute ta vie, tant que t'y es ! Tu couches déjà avec lui, tu peux bien partager sa maison !

– QUOI ? hurla Léa en dévisageant son mari. Qu'est-ce qu'il a DIT ?

Anatole s'interposa :

– Il dit n'importe quoi ! Tu es ignoble, Julien ! Il vaut mieux que tu partes...

– Mais bien sûr ! ricana Julien. Vous allez bien vous amuser, à trois ! Tu le savais pas, ma pauvre Léa ? T'es vraiment trop gourde ! Pourquoi tu crois qu'il rentre si tard, ton mari ? On les a surpris ! On me l'a dit !

– Salaud ! hurla Nathalie en lui jetant son verre de champagne à la figure.

– Tu vas me le payer, saleté !

Il se jeta sur elle et la saisit à la gorge.

– Arrêtez ! Bon Dieu, arrêtez ! cria Anatole en se précipitant pour les séparer.

Il fut stoppé dans son élan par Léa, tremblante, les yeux exorbités.

– Tu couches avec cette traînée ! cracha-t-elle. Je comprends tout...

– Lâche-moi ! s'égosilla Anatole. C'est pas le moment ! Il faut arrêter ce cinglé ! Tu vois pas qu'il est en train de la tuer ?

Il écarta sa femme d'une bourrade et sauta sur Julien qui serrait la gorge de sa compagne dans un corps-à-corps confus. Anatole tenta de les séparer en tirant sur les vêtements et les cheveux, mais son ami était plus fort. Alors, Anatole saisit une bouteille de champagne et frappa plusieurs fois. Julien s'affaissa.

Dans le silence revenu, Anatole contempla stupidement les deux corps inertes, l'un couvert de sang, l'autre violacé, la langue pendante. Alors, d'abord doucement, puis de plus en plus fort, Léa se mit à hurler, un hurlement strident, ininterrompu.

– Tais-toi ! Tais-toi ! Vas-tu te taire ? hurla-t-il à son tour.

Il n'eut pas vraiment conscience de ce qui se passa après, sinon que Léa finit enfin par se taire. Et quand il comprit comment il l'avait rendue muette, il se jeta par la fenêtre.

L'inspecteur accrochait son manteau à la patère.

– C'est tout de même curieux, ces séries de massacres inexplicables. Depuis un mois, c'est le sixième.

– Ça doit être le temps, plaisanta son collègue. On va pas se plaindre : si nos citoyens s'entre-tuent eux-mêmes, on n'a plus d'assassins à chercher.

– C'est quand même bizarre. Quatre morts hier dans un appartement, trois avant-hier, dans un magasin de jeux... On dirait une épidémie. On a fouillé tout l'appartement : rien de probant...

Il posa un paquet sur le bureau.

– J'ai quand même rapporté ce truc, pour l'examiner de près.

– Qu'est-ce que c'est ?

– Je sais pas... On dirait une boîte métallique, mais y a pas d'ouverture.

– Passe-la au labo.

– Si c'est une boîte, je suis assez grand pour l'ouvrir tout seul.

– Monsieur est toujours plus malin que les autres... C'est comme pour ton avancement.

– Pardon ? Non mais qu'est-ce que tu veux dire avec mon avancement ?

– Rien, rien, t'es le plus malin, c'est tout...

– Mais vas-y ! Accouche ! Vide ton sac franchement au lieu de faire ces mines de babouin !

– Hein ? Ah mais attention ! Tu veux que je vide mon sac ? Je vais le vider, mon sac...

Histoire de l'égyptologue amoureux d'une beurette

Ludovic Hébert était égyptologue de haut niveau, spécialiste du Moyen-Empire, précisément du culte de la déesse Isis. À la trentaine bien tapée, il ne vivait que dans les momies, cartouches, vases canopes et hiéroglyphes. Mais, à le connaître un tant soit peu, même un étudiant en première année de psycho aurait pu deviner la banale vérité : toute cette érudition constituait surtout un rempart qui avait jusque-là protégé Ludovic des impondérables de l'existence, luttes, sexe, amour, enfants, vacances, politique, modes, et autres babioles importunes. Entre les colonnes papyriformes et les hauts-reliefs, une brindille inopportune n'aurait pu se glisser dans la vie du chercheur. Dans son petit bureau poussiéreux, il avait transformé son existence de célibataire endurci en une forteresse inexpugnable, défendue par les guerriers nubiens et la milice du temple d'Amon ; les tourments du cœur ne dépassaient pas le cercle de lumière qui, de sa lampe de bureau, tombait sur sa traduction de démotique.

Aussi, quand une jeune préparatrice beur nommée Samira fut affectée en stage à son service, il n'y prêta d'abord pas plus d'attention qu'à un nouvel extincteur. Mais le jour où elle fut assignée par la direction du labo pour classer des moulages antédiluviens stockés dans son propre bureau, Ludovic fut contraint d'accepter sa présence tous les jours dans la même pièce sans pouvoir protester : lui-même s'égosillait depuis des années pour que l'administration s'occupât enfin de répertorier les kilos de plâtre qui encombraient son lieu de travail.

La perspective de cette intrusion l'enchantait autant qu'une projection de diapos au symposium annuel du département d'antiquités du Louvre, et le premier jour se passa aussi mal qu'il le souhaitait. La nouvelle recrue s'étant aventurée à jeter un regard sur l'étude en cours, elle ne put retenir une exclamation admirative :

– Oh m'sieur, il est trop, le collier d'Isis ! Y a le même dans Stargate !

D'un ton glacial il lui fit remarquer que le romantisme égyptomane de cinéma s'arrêtait sur le trottoir du département, nous ne parlons que de science, ici mademoiselle. Et le dialogue s'arrêta là.

Comme elle était discrète et silencieuse, ses gestes mesurés, ses vêtements modestes, et que son bavardage redouté se limitait dorénavant à bonjour au revoir, Ludovic s'acclimata à sa présence, jusqu'au jour où le classement des reproductions de papyrus et de bas-reliefs les força à travailler côte à côte. Cette chaleur inusuelle contre son bras, cet imperceptible parfum, firent peu à peu fondre son mutisme, et gravure après gravure, sans même s'en apercevoir, l'égyptologue se fendit d'explications de plus en plus circonstanciées.

Il est un dieu du panthéon égyptien, le dieu Min, très peu connu du grand public, jamais montré dans les imageries éducatives, pour la bonne raison que, chargé de veiller à la fécondité et à la fertilité, il est toujours représenté dans les bas-reliefs avec un sexe en érection de taille impressionnante. Systématiquement martelé et effacé par la pudibonderie des religions tardives, chrétiens, coptes, musulmans, il reste encore suffisamment présent dans les frises des temples pour faire ricaner tous les touristes, surtout les jeunes. Pour les besoins du classement, Ludovic se surprit à expliquer l'affaire avec des airs gênés et quand il croisa les yeux étonnés de la jeune fille, il passa vite à la description d'une autre divinité. Deux heures plus tard, Samira montra une reproduction de gravure posée au bout du bureau.

– S'il vous plaît, vous pouvez me passer le dieu, là, comment déjà, en trois lettres... le dieu Zob.

Épouvantée elle-même de son audace, elle s'attendit à un déferlement de mépris cinglant. À sa stupéfaction, elle vit le chercheur rouge comme un flamant du Nil qui, à la place de s'indigner, se contenta de pouffer.

Ce fut la fêlure qui ouvrit la brèche dans l'enceinte. Il commença par remarquer que le profil de la jeune beur n'était pas sans rappeler les traits de la déesse Hathor, et les jours suivants, le visage de Samira se superposa aux bas-reliefs plusieurs fois par nuit. Ces intrusions parasites ne lui arrivaient jamais. De même que cette drôle de sensation physique qui accompagnait l'image : une sorte de sollicitation stomacale voisine de la faim qui accompagnait un frémissement de l'abdomen dirigé vers le bas, lié, sans rapport explicable, à la sensation diffuse que donnerait la perspective de quelque chose de formidable. Très méthodiquement, comme le bon scientifique qu'il était, il tenta d'analyser la chose par un protocole expérimental : se plaçant devant son miroir, il pensa très fort aux fouilles stratigraphiques du temple d'Isis à Gizeh, et prononça à haute voix : Samira. Immédiatement, la sensation se reproduisit. Il renouvela l'expérience plusieurs fois dans la journée avec le même résultat. Sans conclure, il se demanda s'il devait en parler à ses collègues ou prendre d'abord rendez-vous chez le généraliste.

C'est le lundi matin suivant que Ludovic rencontra l'apparition dans le couloir désert de la cafèt'. Comme sa formation scientifique lui rendait inconcevable toute manifestation paranormale, il déduisit que la présence devant lui de cette créature de deux mètres de haut très conforme aux représentations de la déesse Isis relevait de quelque sortilège technologique de pointe, dont il devait différer très momentanément l'explication. D'ailleurs, il fut très vite détourné de toute spéculation : le plus étrange n'était pas l'apparition de la déesse, mais les premiers mots qu'elle prononça : « Bon, maintenant, ça suffit. »

En silence, il considéra tous les détails mythologiques, rien n'y manquait.

– Tu m'as reconnue, dit l'apparition, ça nous épargnera l'entrée en matière. C'est déjà assez prise de tête de pratiquer ton idiome. J'ai pas beaucoup de temps, et si je suis là, c'est que ton histoire est trop lamentable.

– Pardon ?

– Le savant professeur qui tombe amoureux de la jeune apprentie délurée, c'est un cliché tellement éculé que même les scribes du Haut-Empire n'osaient plus inventer des trucs pareils. L'histoire culcul le lotus entre les larmes et l'émotion, c'est trop naze, tu peux pas me faire ça.

Ludovic ne répondit pas et s'assit à même le sol, les yeux écarquillés.

– Je sais bien que ça marche toujours dans votre civilisation, reprit l'apparition, les tâcherons des scénarios et des romans de gare s'en servent à la louche, mais non, pas toi. Je veux bien que tu craches sur le romantisme égyptophile de Monoprix, si c'est pour le remplacer par une bluette à deux balles, ça vaut pas mieux.

Tout ce que Ludovic trouva à répondre fut :

– Amoureux ? Ah, c'est donc ça ?

– Oh merde, il continue, dit l'apparition. Écoute, tu retournes à ton labo, tu cherches ce que tu veux comme prétexte, et tu me vires cette petite allumeuse bourrée de progestérone qui va foutre ta vie en l'air. Elle est pas pour toi. Tout ce qu'elle veut, c'est faire loucher tes yeux de binoclard, tu lui découvres 10 centimètres de tes muscles flasques et ta peau blême, elle va éclater de rire. Et bienheureux si tu te fais pas racketter par ses frères. Considère ça comme une malédiction : tu m'appartiens. Et si tu sens des chatouillis dans le bas-ventre : tu te branles, comme avant. Je ne reviendrai pas te le dire une deuxième fois.

Ludovic ne résolut jamais le mystère de l'apparition du couloir. Il chercha longtemps le prodige technique, pensa canular, imposture, voire hallucination, sans conclure. Isis ou pas, le discours de l'apparition était de toute façon si sensé qu'il ne pouvait qu'y souscrire. De ce jour, il travailla chez lui et ne réintégra son local qu'assuré de sa solitude, quand la belle Samira fut partie vers d'autres stages.

Son existence ne fut plus troublée. Il reprit ses activités dans son petit bureau poussiéreux, et finit par écrire la monographie définitive sur Isis à laquelle il travaillait depuis douze ans. Des deux seules apparitions de sa vie, la première disparut de son souvenir, et ne ressurgit qu'une fois et une seule, à l'occasion de la présentation de son livre au Symposium annuel du département d'antiquités du Louvre, devant un public d'égyptologues. Alors que l'écran géant montrait une photo du dieu ityphallique, il dit dans le micro :

– Comme on peut le voir sur cette représentation du dieu Zob…

Histoire du mari qui ne reconnaissait plus sa femme

« Et moi, mon cher docteur, dit le procureur Thomas, je vais vous raconter la plus étrange histoire à laquelle il m'ait été donné d'être mêlé ces dernières années, pourtant riches en curiosités pénales. » Il se cala dans le fauteuil et, portant aux lèvres la pipe qu'il ne cessait de tripoter depuis tout à l'heure, se décida enfin à l'allumer.

« Il y a quelques mois de cela, le commissaire Poli, dont je vous ai peut-être déjà parlé, vint me voir pour me demander de l'aider à titre personnel et tout à fait officieux, afin de démêler une affaire qui, depuis plusieurs semaines, semait la consternation dans son commissariat. Il est clair qu'à ce stade, il aurait dû transférer l'affaire à un service spécialisé, mais, poussé par une curiosité tout à fait professionnelle, il retardait ce moment et de toute façon désirait auparavant avoir mon avis. Tout avait commencé, disait-il, de la façon la plus banale. Un jour, un homme du nom de Tréguier, s'était présenté au bureau d'un de ses inspecteurs pour, affirmait-il, porter plainte contre une femme qui s'immisçait dans sa vie privée. L'homme raconta que, trois jours auparavant, il était rentré chez lui et y avait trouvé une inconnue qui prétendait être sa femme. Or, disait-il, il n'avait jamais été marié. L'affaire présentant tous les aspects d'un drame sentimental, l'inspecteur, avant d'aller plus loin, voulut passer le plaignant à son collègue Mattéoli à qui l'on confiait d'ordinaire ce genre de problèmes car il disposait en la matière d'un tact et d'une patience idoines. Or, il était en vacances. Le commissaire, n'ayant rien de plus urgent à faire, décida alors de recevoir lui-même l'individu, et procéda à l'interrogatoire d'usage. Ce dernier déclara s'appeler Émile Tréguier, être âgé de 46 ans, agent à la S.N.C.F., célibataire endurci et n'avoir, précisa-t-il, aucun penchant pour la boisson. Il était donc rentré un soir dans le deux-pièces qu'il occupait à Bagnolet et avait trouvé dans sa cuisine une femme en train de faire la vaisselle, qu'il ne connaissait pas, qu'il n'avait jamais vue. Et quand il lui demanda : « Qui êtes-vous ? », elle répondit d'un air stupéfait : « Mais Émile… tu es saoul ? »

Il la prit d'abord pour une aventurière ou une fille un peu dérangée, mais il dut changer d'avis car à chacune de ses questions, la femme le considérait avec un air de commisération profonde et il était clair qu'elle le prenait pour un fou. Il se mit alors en colère et la flanqua dehors. Persuadé que la fille, rentrée par effraction, lui avait joué une tortueuse comédie, il fouilla son appartement pour voir si quelque chose avait été volé. Il fut alors stupéfait de constater que c'était l'inverse : rien ne manquait mais il y avait beaucoup de choses en plus. Des robes, des sous-vêtements, des produits de beauté, des médicaments soigneusement rangés ou négligemment posés, bref, une incroyable mise en scène. Le lendemain, la femme revint. Là, il se mit en colère derechef, la pressa de menaces et de questions, ce qui n'eut pour résultat que de la faire éclater en sanglots. Elle était repartie, puis l'avait laissé en paix pour 24 heures. Mais ce matin, il avait reçu un coup de téléphone d'un inconnu, un homme apparemment assez âgé mais encore vert qui lui avait dit textuellement : « Ici le père de Ghislaine. Écoutez, mon petit Émile, si vous ne vous ressaisissez pas, ou bien c'est moi qui vous emmène chez le docteur, ou bien je viens vous casser la gueule ! » Il n'avait pas été spécialement impressionné par les menaces mais, derrière la voix de l'homme, il avait distinctement entendu une voix de femme qui disait : « Non papa, ne sois pas trop dur, ne lui parle pas comme ça, c'est pas sa faute. » Alors là, il avait eu peur, et était venu au commissariat.

D'habitude, me dit le commissaire, nous mettons 2 minutes à classer les gens qui viennent nous voir : les menteurs, les ivrognes, les teigneux, les affolés... Mais là, pour la première fois de sa vie, il avait été incapable de prononcer un jugement. « Écoutez, lui dit le commissaire, si ce que vous dites est vrai, vous avez affaire à une tentative de persécution morale d'un genre nouveau, mais pour vous croire, il me faut d'abord une fiche récente d'état civil. » L'homme n'en avait pas sur lui, mais prétendit en avoir une à son domicile.

Le commissaire accepta de l'y accompagner.

La femme était dans l'appartement. « Ah ! Vous voyez, commissaire ? s'exclama Tréguier, faites quelque chose ! Enfermez-la ! » La femme regarda alors mon ami avec des yeux complètement effarés, et dit seulement : « Il a été chercher la police ! » puis s'effondra en sanglots. Le commissaire les exhorta au calme et examina les papiers que lui présenta Tréguier, ce dernier non sans avoir ajouté : « C'est tout de même incroyable d'en arriver là ! » Si la fiche d'état civil avait été consciencieusement remplie, c'était indubitable : la mention « Situation de famille » portait bien : « Célibataire », ainsi que plusieurs autres documents divers. Après avoir bien vérifié les dates et l'origine, le commissaire voulut interroger la fille. Mais avant qu'il ait pu commencer, celle-ci, bouleversée, sans un mot, le visage rempli de larmes, déposa un carnet entre ses mains. C'était un livret de famille. On y lisait : « Époux : Tréguier Émile ; Épouse : Tréguier Ghislaine, née Vauquelin », et le document présentait tous les caractères de l'authenticité. Il se faisait tard. Puisqu'elle avait de la famille, le commissaire conseilla à la prénommée Ghislaine d'aller passer quelques jours avec elle ; c'était exactement ce qu'elle comptait faire, répondit-elle, elle était seulement venue chercher ses affaires avant que son mari, au paroxysme de sa crise, ne jette tout à la poubelle. Et le lendemain, le commissaire, extrêmement intrigué, commença une enquête auprès des voisins, travail et administration. »

Comme pour souligner son effet, le procureur tapota sa pipe sur le cendrier.

« Et c'est là, mon cher Docteur, que l'affaire devient proprement ahurissante. D'abord, l'enquête administrative ne l'aida en rien. L'état civil de Bagnolet, parfaitement à jour, n'avait aucune trace du mariage du dénommé Tréguier Émile ; par contre, les registres de la mairie de Levallois portaient mention du mariage parfaitement régulier Tréguier-Vauquelin. Ce ne pouvait être encore qu'une erreur administrative, mais les choses s'aggravèrent au travail de l'intéressé. Son chef à la S.N.C.F. répondit par un éclat de rire aux questions du commissaire : « Tréguier marié ? Ça serait plus qu'une surprise ! Ça serait un prodige. » Mais son collègue de bureau s'inquiéta : « Sa femme ? Oui, bien sûr, elle s'appelle Ghislaine. J'espère qu'il n'est rien arrivé de grave, commissaire, il l'aime tant. » De plus en plus perplexe, le commissaire alla interroger les voisins. La gardienne, parfaitement au courant de l'affaire, était toute compatissante : « C'est injuste, ce qui lui arrive. Une si brave fille, honnête et travailleuse. Elle s'entendait si bien avec son mari. C'est terrible, ces maladies mentales… » Mais son voisin de palier s'indignait : « Oui, c'est incroyable ce qui lui arrive à ce pauvre Tréguier. Lui qui tenait tant à sa tranquillité ! À mon avis, c'est une folle, ou elle en veut à ses sous. » Il interrogea tout l'immeuble. C'était 50/50. La moitié prétendait n'avoir jamais vu de femme, l'autre les avoir toujours connus mariés. Confrontés, deux témoins opposés faillirent en venir aux mains et se traitèrent de fou mutuellement. Cette proportion de moitié-moitié se prolongea à tous les stades de l'enquête : une preuve indiscutable pour, une preuve indiscutable contre.

L'affaire en était là quand le commissaire Poli vint me voir. Mais le détail qui l'avait déterminé à venir me demander de l'aide était le suivant : le matin même, au commissariat, il avait trouvé un inconnu fouillant dans ses papiers. Quand, sidéré, il lui avait demandé : « Qui êtes-vous ? », l'homme était resté paralysé un instant avant de répondre : « Mais, commissaire, je suis l'inspecteur Mattéoli. Je viens de rentrer de vacances… » Or il se souvenait très bien de Mattéoli, ce n'était pas cet homme-là. L'ennui, c'est que tous ses collègues étaient d'un avis contraire. Le lendemain, j'appris que mon ami était parti en vacances. Belle histoire, non ? »

Silencieusement, le docteur considéra le procureur Thomas curer sa pipe. Puis il regarda la porte, puis la fenêtre, puis de nouveau la porte. Puis ses yeux revinrent au procureur. Il dit : « Vous êtes bien gentil de me raconter tout ça, Monsieur, mais qui êtes-vous ? »

Histoire de la frontière imaginaire qui un jour devint réelle

La frontière passait le long de la rue de l'école, sur le trottoir nord, tournait à droite le long de la clôture du parc municipal, séparait le dépôt communal de la salle des fêtes, contournait la grand'place et descendait dans le vieux quartier où son tracé se faisait plus capricieux et excentrique encore. Mais, aussi compliqué fût-il, tout le monde dans la ville connaissait parfaitement l'emplacement de la frontière, alors qu'aucun signe tangible ne la matérialisait. Chacun était capable de dire : « Cette maison est de l'autre côté de la frontière, mais la moitié de son jardin est de notre côté. » Ou : « La frontière traverse l'église, mais pas au milieu : c'est marrant, l'autel est d'un côté, les paroissiens de l'autre. » Bref, la frontière faisait partie de la vie quotidienne des citadins, au même titre que les zones de stationnement interdit ou les jours de marché. À un détail près : nul ne savait à quoi elle servait.

D'où venait-elle ? Qui l'avait instituée ? Et pourquoi ? Personne n'était capable de donner un début de réponse. Ce n'était pas une frontière nationale, on était dans le même pays ; ce n'était pas une frontière politique, aucune fièvre civile n'agitait la cité ; ce n'était pas une frontière religieuse, tout le monde était catholique ; ce n'était pas une frontière sociale ; les pauvres et les riches se trouvaient également d'un côté comme de l'autre. De même, n'y avait-il nulle limite administrative, département ou canton, qui correspondît à ce tracé-là. Il n'y avait pas la plus petite différence, pas le plus petit détail qui pouvait distinguer ceux qui habitaient d'un côté de ceux qui habitaient de l'autre.

Cette frontière ne correspondait à rien, n'avait aucun sens, aucune justification, et pourtant elle était là. Pas un seul habitant de la ville n'aurait nié son existence, même si tout le monde s'accordait à penser que tout ça était parfaitement absurde. Des esprits forts disaient : « Oui, pour le moment, elle sert à rien, mais attendez : un jour, des malins vont trouver la bonne raison, et ça finira par un mur, des barbelés ou des massacres, comme d'habitude… » D'autres affirmaient : « Les frontières qui passent dans les maisons, au milieu des familles, ça amuse les touristes, mais quand les deux côtés s'entretuent, tout le monde trouve ça effroyable. C'est avant, qu'il fallait y penser. »

Alors des gens méthodiques cherchèrent l'origine du phénomène, se disant que l'explication serait là. Qui, le premier, avait parlé de cette frontière ? Ils interrogèrent les vieux : ceux-ci en avaient toujours entendu parler par leurs parents, et les parents de leurs parents, ils interrogèrent les autorités : elles confirmèrent que cette frontière sans existence légale n'avait pas sa source de leur côté. Ils écumèrent les archives qui ne contenaient pas grand-chose, hormis quelques traces écrites, quelques articles qui mentionnaient le phénomène en passant, comme une curiosité. Tout ce qu'ils purent en déduire, c'est que cette frontière sans objet semblait être apparue au XIXe siècle, on en trouvait les premières mentions, et que si sa localisation était précise, nul n'avait poussé la méticulosité jusqu'à en dessiner le plan. À quoi bon ? Le tracé se transmettait de bouche à oreille, comme une tradition folklorique, une particularité locale, et c'est tout. Et d'ailleurs, à l'endroit où la frontière sortait de la ville vers le nord, elle disparaissait : sur ces terres arides et incultes, il n'y avait personne pour en parler.

Cette frontière mystérieuse était le cauchemar des esprits inquiets : s'il y avait une frontière, c'est qu'il y avait une raison. Et le jour où la cause éclaterait, il vaudrait mieux être du bon côté. Mais quel côté ? Alors, sur une impression, certains déménageaient, allaient vivre de l'autre côté de la frontière et puis, sur une rumeur, un coup de tête, ils revenaient précipitamment à leur point de départ. C'était une minorité. La plupart des gens se foutaient de la frontière comme de leur première chemise. On ne la voyait pas, elle ne gênait personne, elle n'entraînait pas la plus petite conséquence, elle aurait pu tout aussi bien ne pas exister, c'était du pareil au même. « Alors oubliez-la ! conseillaient les visiteurs. Puisque finalement, elle n'existe que dans vos têtes, quand vous l'aurez oubliée, le problème ne se posera plus !

– Bien sûr ! répondaient les citadins convaincus. C'est ça qu'il faut faire ! Nicole, va nous acheter une bouteille de l'autre côté de la frontière ! »

C'était plus fort qu'eux.

Mais un jour, dans une cour d'immeuble où passait la frontière, un enfant jouait avec ses petits soldats, assis sur la ligne invisible dont nul locataire n'ignorait l'existence. Et comme sa mère disait toujours « Je vais étendre le linge sur la frontière », le gamin savait parfaitement le trajet de la démarcation : elle arrivait par derrière le local à poubelles, enjambait le muret, filait droit vers la porte de l'immeuble après avoir parcouru le béton de la cour exactement sous les cordes à linge. C'est là que jouait le môme. Il avait mis ses soldats rouges du côté de la frontière où se tenait sa jambe droite et ses soldats jaunes du côté de sa jambe gauche. Et, profitant de la présence de cette frontière aussi virtuelle que sérieuse, il jouait à la guerre, les fesses sur la ligne imaginaire, les jaunes étaient alignés, les rouges allaient attaquer. Et c'est à ce moment précis que la ligne devint réelle. Le gosse aperçut une minuscule fissure entre ses soldats rouges et ses soldats jaunes, un trait à peine visible de la taille d'un cheveu, qui courait sur un mètre, et qu'il n'avait pas vu le matin en arrivant. Une heure plus tard, la fissure avait la taille d'un trait de crayon et suivait parfaitement l'itinéraire connu : la cour, le muret, les poubelles. L'enfant n'y trouva rien à redire, c'était la simple confirmation d'une chose dont il avait toujours entendu parler. Au contraire, même, puisque cette frontière impalpable lui faisait l'honneur d'apparaître pour faciliter son jeu. Mais le soir, il en parla à sa mère, car la fissure faisait trois millimètres de large et il n'y avait plus besoin de se pencher pour la voir. Sa mère, occupée, l'envoya promener, et c'est le grand frère, toujours à l'affût d'une occasion de se moquer du cadet, qui vint constater le prodige. Il remonta chez lui en courant, mais la mère l'envoya promener à son tour. Le lendemain matin, tout l'immeuble était dans la cour pour examiner la fissure qui faisait cinq centimètres de large.

Simultanément, on la découvrit dans d'autres parties de la ville. Irrégulière, apparaissant en pointillés, elle suivait scrupuleusement le trajet connu de tous : la grand-place, la rue de l'école, le pont, etc, fissurant les façades des bâtiments qu'elle coupait en deux. L'après-midi, l'inquiétude s'installa : la fissure était désormais visible sur toute sa longueur, ininterrompue, atteignant quinze centimètres par endroit. On fit évacuer les immeubles situés à cheval dessus, on coupa la circulation, tandis que des équipes de géologues et d'experts tentaient de comprendre la cause du phénomène. La nuit, les habitants dormirent d'un sommeil trouble. On se relevait pour aller voir le tour que prenaient les événements, ou pour tromper l'anxiété, en visitant les équipes de pompiers et de scientifiques qui surveillaient l'évolution de place en place, sous de grands projecteurs. Vers six heures du matin, l'église s'écroula. Dans le soleil levant, les citadins contemplèrent avec horreur la faille qui serpentait dans la ville et dont les bords s'écartaient à présent de cinquante bons centimètres. Les canalisations éclataient, les tuyaux se rompaient, il fallut interrompre la distribution d'eau et d'électricité. Et l'on commença à envisager d'évacuer l'agglomération.

Il fallait maintenant faire un bond pour passer d'un côté à l'autre à certains endroits, on avait mis des planches ; et les angoissés, ne sachant plus de quel côté aller, frisaient l'hystérie. La plupart des citadins restaient du côté où était leur maison et contemplaient avec une résignation stupéfaite la faille prolonger son obscurité vers les profondeurs de la terre, et ceux d'en face s'éloigner, centimètre par centimètre. Et c'est à dix heures du matin, au moment où était signé le décret d'évacuation, que commença le tremblement de terre.

Deux jours plus tard, la ville entière avait disparu. Les deux lèvres de la faille, distantes d'un kilomètre, encadraient un chaos minéral où gens et immeubles avaient été engloutis en quelques minutes. Un nouveau rift s'étendait, là où pendant deux millions d'années, deux sous-plaques continentales avaient résisté à la rupture. Jamais les géologues n'avaient soupçonné que cette région était le siège d'un travail tectonique, lointain ricochet de la pénétration océanique, nulle déformation, nulle secousse n'avait jamais donné l'alarme en surface.

On dit que les animaux pressentent longtemps à l'avance un danger naturel, et peuvent le discerner avec une précision hallucinante. Les humains pressentaient celui-là depuis deux siècles, mais leur instinct avait pris une voie étrange pour se manifester. C'est con, l'instinct.

Histoire du riche industriel qui disparut mystérieusement

Si quelques journaux – les plus populaires – y allèrent d'un article sur la disparition de Jean-Antoine Pontet-Barucelle, ce n'était pas tant à cause de l'importance toute relative du personnage qu'en raison des circonstances mêmes de cette disparition.

La dépêche AFP était tombée le matin vers 9 heures en apportant l'essentiel des détails. Sortant de l'hôtel particulier où habitait sa notoire maîtresse, l'industriel s'était rendu la veille à un dîner privé en compagnie de Léopold Muniwith, le magnat de l'agro-alimentaire. Au milieu du repas, avait raconté ce plus proche témoin, Jean-Antoine Pontet-Barucelle commentait la concurrence asiatique dans les adjuvants de synthèse, lorsque son hôte fit tomber par maladresse son couteau sur le sol. « Je me suis baissé pour le ramasser, précisa Léopold Muniwith, j'ai entendu la phrase de mon interlocuteur s'interrompre, et quand je me suis relevé, il n'était plus sur sa chaise. Mais il n'était pas non plus aux toilettes, ni dans la salle, ni dehors, ni dans sa voiture. Il s'est proprement volatilisé. »

Le lendemain, les journaux ne mentionnèrent plus l'affaire, car hormis sa curieuse disparition, le personnage était absolument inconnu du grand public, et comme aucune demande de rançon n'était parvenue, l'enquête seule n'était pas susceptible d'entretenir un lucratif suspense. Et pourtant, ce fut ce jour-là que le divisionnaire Blot, chargé de l'affaire, eut la surprise de sa vie.

Léopold Muniwith invita le policier à son domicile et lui déclara tout de go que les recherches étaient inutiles car on ne retrouverait jamais le disparu. Le commissaire interloqué lui demanda : « Qu'en savez-vous ? » et l'homme d'affaires lui répondit en désignant un petit opuscule posé sur la table, intitulé *Les Industries agro-alimentaires en France*.

– Si vous avez correctement commencé votre enquête, commissaire, votre premier geste a sans doute été de lire ce petit livre.

– C'est exact. C'est même votre secrétaire qui l'a mis à ma disposition.

– Vous y avez appris la rivalité impitoyable qui nous opposait, Pontet-Barucelle et moi... Et vous en avez déduit que sa disparition m'arrangeait à plus d'un titre...

– Pas seulement vous.

– Non, mais j'en suis le principal bénéficiaire. Alors, voilà : nous sommes effectivement rentrés dans un lieu public, lui et moi ce soir-là, et tout s'est passé comme je l'ai déclaré à la presse. À un détail près : c'est moi qui l'ai fait disparaître.

– Vous l'avez tué ? demanda le fonctionnaire ébahi.

– On peut le voir ainsi. Je dirais plutôt : je l'ai effacé. Voyez-vous, commissaire, la prestidigitation est mon dada. À mon âge, les vraies distractions se font rares et la seule qui me passionne vraiment, ce sont les tours de magie. Aussi, j'en ai mis un au point, tout seul, et ce tour, je l'ai trouvé tellement bon que j'ai décidé de le pratiquer aussitôt sur mon plus funeste rival. Pfouit, dissout, évanoui, désintégré ! Mais comme tout bon magicien, je parle des meilleurs, les Houdini, les Buzman, les Tavolo, j'ai fait plus que trouver un simple truc. Et tout comme ces artistes d'élite, j'ai besoin d'un public d'élite : je vous ai choisi.

– Continuez, je vous en prie, l'encouragea le commissaire d'une voix incertaine.

– C'est une sorte de défi. Voilà : j'ai mis une somme de 100 000 francs suisses sur un compte anonyme numéroté à Lucerne. Vous allez mener votre enquête. Si vous arrivez à découvrir comment j'ai fait disparaître Pontet-Barucelle, je vous révèle le numéro du compte. Pas de papier, pas de trace, vous n'aurez à justifier cet argent pour personne. Si vous me confondez, vous êtes riche. Dans le cas contraire, vous ne pourrez que classer l'affaire, et c'est tout. Vous n'avez rien à y perdre.

– Et qu'avez-vous à y gagner ?

– Le triomphe d'avoir mystifié le plus difficile des spectateurs ! Vous ne pouvez pas comprendre… Bref, je vous donne six mois.

Le commissaire Blot se mit au travail, chercha, étudia, interrogea pendant des semaines. Tout concourait à rendre l'enquête difficile : descendant de Français installés en Syrie, le disparu ne vivait en France que de fraîche date. De plus, son caractère semblait secret, impénétrable. S'il n'avait pas de parents, il avait peu d'amis. Ses collaborateurs et employés ne le fréquentaient que professionnellement. Seule sa maîtresse le connaissait intimement mais ses déclarations se révélèrent ou bien incohérentes, ou bien dénuées d'intérêt. Il fouilla tout ce qu'il pouvait fouiller dans le passé de l'industriel, il ne trouva pas le plus petit indice. Il étudia les mémoires des plus machiavéliques meurtriers et finit par faire la tournée des spécialistes de l'illusion et de la magie, en vain.

Il en déduisit au bout de six mois que le tour de Muniwith était effectivement le plus parfait qu'on puisse trouver. Désespérant de découvrir une faille, il retourna interroger la petite amie du disparu.

Si le tour de Muniwith était effectivement le plus parfait, c'était aussi certainement le plus onéreux et le plus long à réaliser. Mais son principe était simple : la raison pour laquelle l'apprenti-magicien avait si parfaitement fait disparaître son rival Pontet-Barucelle, c'est que Pontet-Barucelle n'existait pas. Le travail du tour n'avait donc pas consisté à supprimer la victime, mais au contraire à la créer : lui construire un passé, une vie, des traces crédibles à partir de rien. Muniwith avait dépensé une fortune et une énergie considérables à faire truquer les registres d'état civil, à fabriquer des photos d'époque, à élaborer des traces de la jeunesse du disparu dans son lointain pays. Et surtout à payer pendant deux ans un comédien au chômage, afin de le faire circuler à la tête de fantomatiques sociétés agro-alimentaires montées de toutes pièces par Muniwith lui-même à l'aide de prête-noms trois fois indirects, dans l'unique but de laisser des témoins capables, quelque temps plus tard, de décrire le physique et les comportements du Président disparu. Curieusement, c'est sa maîtresse fictive qui avait coûté le plus cher. Comédienne aussi, elle avait exigé des sommes astronomiques, non tant pour son talent que pour son silence sur cette histoire qu'elle trouvait confuse et pas catholique. Bref, Muniwith avait rempli son existence d'une passionnante occupation. Ce jeu puéril lui avait donné plus de joie, d'enthousiasme et d'excitation qu'aucun milliardaire de son âge n'aurait jamais pu en espérer. Il avait lui-même manipulé le marché pour y étaler les manifestations de son rival fantôme et, ultime touche au chef-d'œuvre, une complicité dûment rétribuée lui avait permis de passer sur les télex de l'AFP la dépêche annonçant la mort de sa créature. Comme il l'avait escompté, les circonstances rocambolesques de la disparition avaient incité les journaux à en faire mention, donnant ainsi plus de consistance encore à l'ectoplasme que l'inspecteur poursuivait.

Quant à la volatilisation proprement dite dans le restaurant, la complicité du maître d'hôtel et un simple tour de passe-passe, à la portée de tout magicien moyen, avaient suffi pour faire disparaître le comédien aux yeux des clients.

Quand le délai se fut écoulé, le divisionnaire Blot revint chez l'industriel la mine déconfite. Celle du magnat était rayonnante, mais elle se figea lorsque le policier dit : « Monsieur Muniwith, je vous arrête pour meurtre ! »

– Pour meurtre ? Alors, c'est que vous n'avez pas trouvé comment j'ai fait ? dit l'industriel d'une voix tremblante.

– J'ai trouvé mieux : le corps.

Après un silence stupéfait, Muniwith éclata de rire :

– Le corps ? Quel corps ?

– Celui de votre rival Pontet-Barucelle que vous avez fait disparaître par un trucage élémentaire, avant de l'étrangler dans les caves du restaurant, là où nous avons retrouvé son cadavre.

Muniwith ne riait plus.

– Ce cadavre n'est pas Pontet-Barucelle, commissaire ! Ça ne PEUT PAS être lui !

– Pourtant tout l'identifie. Vous allez venir avec moi pour la constatation.

À la morgue, l'industriel faillit se trouver mal devant le cadavre violacé du comédien qui avait si bien joué le rôle principal. Abasourdi et terrifié, il expliqua tout dans les moindres détails.

– Je vous crois, dit Blot, mais ça ne résout ni ne prouve rien. Vous auriez pu le tuer pour parfaire votre tour. Les manies d'homme riche mènent parfois loin. Pontet-Barucelle ou pas, j'ai bien peur que vous ne soyez dans une mauvaise situation, monsieur Muniwith.

L'industriel craqua. En bégayant, il promit le numéro du compte suisse, si le commissaire classait l'affaire. À sa grande surprise, ce dernier accepta, à la condition que le compte en question comportât le triple de la somme promise. Muniwith livra le numéro et partit en courant faire le nécessaire. Blot le regarda s'éloigner.

Alors, la voix du cadavre s'éleva entre les murs carrelés de blanc :

– Ça va chercher dans les combien, un franc suisse, en ce moment ?

Histoire du traître qui était parti juste avant l'arrivée de la Gestapo

Dans la pièce, il y avait cinq hommes. Le sixième se trouvait encore à cinq cents mètres de la maison. Il approchait. Un vent violent projetait parfois les gouttes de pluie presque à l'horizontale. Ce sixième homme avançait courbé contre le vent, en tenant son chapeau. À chaque coin de rue, il levait la tête pour regarder la plaque indicatrice. Dans la pièce, à quelques centaines de mètres de là, les cinq hommes attendaient en silence. Mine de rien, ils se dévisageaient les uns les autres ; parfois, leur regard était plein d'étonnement. Les effets du vieillissement peuvent être saisissants sur une personne, mais sur quatre à la fois ils deviennent presque irréels et c'est à peu près la même chose que pensait chacun des cinq hommes. Deux seulement fumaient encore, les autres avaient arrêté. On sentait que chacun aurait désiré se répandre en exclamations, questions et effusions, mais pour l'heure la vanne restait fermée. L'un d'entre eux, qui semblait un peu plus âgé, et qui les avait accueillis les uns après les autres, disait parfois « Mais qu'est-ce qu'il fout ? » en pensant au sixième.

Et le sixième, en dessous de chaque plaque indicatrice, se battait avec un plan détrempé pour tenter de le maintenir ouvert sous les lumières des réverbères, dans les rafales de vent. Quand il levait la tête en jurant et bougonnant, on voyait son visage : les traits confortables et pleins d'une soixantaine épanouie, un visage que l'on imaginait plus facilement au-dessus d'une robe de chambre dans un salon douillet que traînant sous la pluie dans les rues d'une improbable banlieue. Et c'est exactement ce que pensait le sixième homme en renaudant de plus belle à chaque arrêt contre Lucien et ses excentricités, contre Lucien et la prose grandiloquente et militaire de sa convocation, contre cette idée saugrenue de remuer des souvenirs vieux de quarante ans.

Lorsqu'il arriva enfin, après avoir été accueilli par Lucien, il eut droit aux regards examinateurs et étonnés des cinq autres et le leur rendit bien. Il s'excusa de son retard en maugréant qu'il n'avait pas de voiture et qu'il avait dû venir à pied du métro. Il serra les quatre mains et s'assit dans le fauteuil que lui montrait Lucien. Puis tous les regards se tournèrent vers ce dernier.

Il prit une inspiration et parla :

– Nous sommes réunis tous les six comme il y a quarante ans pile. Nous avons eu la chance d'arriver à nos âges, mais la providence ne solde pas les comptes qu'elle n'a pas réglés. L'un de nous six est un salaud. Je vous ai réunis ce jour anniversaire pour savoir lequel. »

Son voisin de droite, plutôt petit, le visage mangé par de grosses lunettes, se pencha en avant :

– Explique-toi clairement, Lucien.

Lucien laissa planer un silence avant de reprendre la parole.

– C'était le 17 novembre 1943. Le réseau Gascogne venait d'être démantelé par la Gestapo, tous ses membres arrêtés. Devant le danger, nous avions utilisé la procédure d'urgence pour nous réunir, afin de décider des mesures de protection individuelle à prendre. À cause de la menace, nous avions décidé que cette réunion serait la dernière et elle le fut effectivement...

Les regards des cinq individus étaient devenus vagues, troublés par les souvenirs.

– Elle eut lieu au café Les Tilleuls, continua Lucien, dans l'arrière-salle. En cas de mouvement suspect, le patron devait laisser tomber un verre et nous pouvions filer par la porte de la cour. Nous étions assis autour de la table, exactement dans l'ordre où nous nous trouvons actuellement. René, Simon et Vincent, vous aviez pris des blancs-cassis. Jean et moi des Suze et Pablo une bière. René, le plus jeune, était le plus effrayé par la situation, Pablo semblait le plus calme. Nous étions isolés car j'avais volontairement interrompu toutes mes relations avec mes chefs. Les consignes, je les avais prises directement de Londres par radio, et je vous ai donné les ordres. Pablo et Vincent devaient rejoindre le maquis. Jean devait se cacher et René, Simon et moi continuer notre vie sans changement. Puis nous nous sommes séparés.

Lucien dévisagea l'homme assis en face de lui. Ses yeux bleus immobiles au-dessus d'une grosse moustache blanche semblaient attendre la suite.

– Je crois que tu es parti le premier, Pablo, reprit Lucien. Vincent est parti presque derrière toi. »

Le moustachu et le petit myope hochèrent doucement la tête. Lucien semblait se concentrer.

« J'ai mis beaucoup de temps à en être sûr, mais à force de solliciter mes souvenirs, ils ont fini par se préciser. Celui qui est parti juste après vous, c'était Jean. »

Le retardataire, qui était en train de s'essuyer les cheveux avec un mouchoir, haussa les épaules

– Peut-être, dit-il. Je ne me souviens pas.

– Ensuite, ce fut le tour de René, continua Lucien. Tu te souviens ?

– Moi, je m'en souviens, répondit ce dernier. Quand je suis parti, je vous ai laissés, Simon et toi. Je me rappelle avoir demandé un paquet de gris au patron en payant mon verre, mais il n'en avait pas.

Lucien approuva d'un mouvement de tête.

– Puis Simon partit et je restai seul… Simon ?

– Exact, répondit seulement celui-ci.

– Alors, j'attendis une dizaine de minutes, comme convenu, poursuivit Lucien, puis je me levai à mon tour…

Les cinq hommes étaient pendus à ses lèvres. Le retardataire avait cessé de s'essuyer, plus personne ne bougeait.

Lucien ferma les yeux :

– J'ai été au comptoir payer ma consommation. C'est alors que le patron me dit quelque chose de stupéfiant : il restait une consommation à payer. L'un de vous avait ignominieusement profité de la situation pour se barrer sans payer, sachant délibérément que, restant le dernier, ce serait à moi qu'échoirait le devoir de régler la note…

Pablo renifla

– Pourquoi n'as-tu pas demandé au patron de qui il s'agissait ?

– Il était occupé à surveiller la rue, il ne s'en souvenait pas.

Le silence retomba. Les six hommes évitaient à présent de se regarder.

– Moi, j'ai payé, finit par dire René.

– Moi aussi, dit Simon. Je me rappelle même que le patron m'a rendu la monnaie.

– C'est peut-être bien moi, alors, dit Jean.

Cinq regards convergèrent vers lui.

– C'est bien possible, après tout. J'avais très peur et mon souci, c'était de ne pas le montrer. J'ai dû oublier. Combien je te dois, Lucien ?

– Tu avais pris une Suze, répondit Lucien en soupirant. Ça valait 1 franc et 40 centimes en francs de l'époque. Avec les calculs de parité, ça nous fait 5 francs 60 centimes de nos francs actuels.

– Voilà, dit Jean en comptant la monnaie.

Les six hommes se séparèrent sur le perron de la maison. Il pleuvait toujours. En serrant en dernier la main du vieux chef, Pablo lui demanda :

– Mais pourquoi n'as-tu pas demandé au patron de quelle consommation il s'agissait avant de la payer ? Tu aurais su tout de suite qu'il s'agissait de Jean…

– Je l'ai fait, répondit Lucien. Mais au moment où il allait me répondre, la Gestapo, qui venait de cerner le café, a fait irruption et nous a arrêtés.

Histoire du créateur de mode et des langoustes pomponnées

Il restait quinze jours avant le défilé. Chez Azara, la tension montait, la nervosité s'infiltrait dans tous les ateliers, à toutes les tables de travail, largement attisée par l'état du patron. Rolf Hagens, à son habitude, passait de l'épilepsie à la catalepsie, jurait à tous que la prochaine collection était le plus beau tas de merde jamais sorti de ces locaux et de sa tête, qu'il était fini depuis bien longtemps, qu'il ne voyait pas pourquoi le conseil d'administration d'Azara persistait à lui faire confiance, mais qu'ils allaient regretter leur coupable laxisme, vu que la catastrophe infecte qu'allait être le défilé les forcerait à se cacher sous terre, poursuivis par la honte d'une faillite si humiliante, mais qu'au fond de sa détresse, lui, Rolf Hagens, voyait quand même briller une minuscule lueur dans cette débâcle, c'était le plaisir acide de voir jeter à la rue sans la moindre indemnité, la bande d'incompétents nuisibles et de calamiteux imbéciles qui se prétendaient stylistes, couturières, assistants et mannequins à son service. Puis il courait à la première grande surface venue (en général le supermarché au coin du boulevard), achetait avec des sanglots d'humilité le premier vêtement qui lui tombait sous la main, remontait les escaliers en hurlant, brandissant comme un étendard le pauvre chiffon cousu par des Coréens avec des tissus malais sur des patrons espagnols, et jurait que cette loque pathétique valait mille fois mieux à elle seule que l'ensemble des collections Azara, conçues par un imposteur dépassé et sabotées par la pire horde d'handicapés foireux que la haute couture ait jamais rassemblés dans une même maison. Et Rolf Hagens montait sur une table, ordonnait à tous d'admirer la chemise, le chandail ou le tablier qu'il exhibait, preuve que des machines à coudre robotisées avaient plus de sens artistique que les paysans daltoniens qui remplissaient cette maison de leur malfaisance.

Puis il regardait le chandail à son tour, tandis que devant lui, ses assistants blasés attendaient la suite, toujours programmée : « Bien sûr, disait-il, le créateur visionnaire de cet objet utile à l'humanité (et auprès duquel je ne suis qu'un étron débutant), aurait peut-être pu en relever l'harmonie avec un col plus coloré, d'ailleurs ce chandail ne serait pas si mal, si on étoffait un peu les épaules et qu'on y dessine par exemple un séduisant patchwork de matériaux bruts autour du décolleté. » Ce disant, il prenait un bout de cuir ou de carton qui traînait devant lui, le posait sur le vêtement industriel en plissant les yeux et bégayait à sa première dessinatrice : « Regardez Esthelle, comme c'est dynamique avec ce volume ! » Il arrachait les manches, découpait sauvagement le dos. « C'est ça qu'il faut faire pour le boléro du 15 ! Un gilet en écailles disparates ! Notez Esthelle, notez, pour l'amour de Dieu ! Cette idée va s'enfuir ! Non ! Une photo ! Vite ! Le Polaroïd ! La caméra vidéo ! »

Chacun retournait à son travail, laissant Hagens se jeter à corps perdu dans l'amélioration de son modèle avec ses premières couturières. Qu'il finissait toujours par embrasser une fois la modification achevée, les couvant d'éloges et de congratulations. « C'est ça, les enfants, c'est exactement ça ! hurlait-il. On les tient par les couilles, mes chéries ! On va leur arracher le scrotum ! » Il riait, dansait. « Cette année, ça ne sera pas le défilé Azara, ça va être la déflagration Azara ! La supernova Azara ! Ils vont tous se rouler dans leur bave, de jalousie et de médiocrité ! Ils vont s'en éclater le cul ! Vous êtes tous merveilleux ! » Et il remerciait le seigneur de l'avoir entouré de collaborateurs si précieux, que disait-il ? Collaborateurs ! Non ! Apôtres inspirés, disciples héritiers de son œuvre qui comprenaient au moindre clin d'œil la plus subtile de ses volontés. De nouveau en larmes, il courait embrasser la totalité du personnel y compris les comptables et le gardien, buvant au passage tout ce qu'il trouvait sur les tables : gobelets de bière tiède, fonds de café froids, mignonnettes de ricqlès, lampées de térébenthine, restants de canettes de Coca avec des mégots de cigarettes dedans. Comme d'habitude, les autres le laissaient faire, sachant que l'accalmie allait enfin commencer. Effectivement, Rolf Hagens, épuisé par son éclair créatif (et généralement malade à cause de ce qu'il venait d'absorber), allait vomir, s'étendait sur le premier tas de chutes qui s'offrait à lui, et n'adressait plus la parole à personne pendant quarante-huit heures.

Pendant ces heures de répit, le travail avançait et l'on savait que la prochaine interruption (considérée par la plupart comme une pause souvent bienvenue), commencerait par « Mais qu'est-ce que c'est que cette horreur ? Mais qu'est-ce que tu es en train de me fabriquer là, volaille insensée ? C'est moi qui ai dessiné ça ? Ce pitoyable attifement ? »

Deux semaines avant le défilé, c'était aussi la période où les premiers mannequins commençaient à arriver dans les ateliers pour les castings et les essais sur silhouettes, et quand le Hagens dépressif était dans la zone, il les chassait invariablement les unes après les autres en les traitant de pétasses mal bâties, de muses des scolioses, de langoustes pomponnées, hurlait qu'on n'avait pas appelé une agence de top models mais un institut de rééducation balkanique, et quand les jeunes filles non prévenues fondaient en larmes, il éclatait d'un rire gras, prêt à gifler le premier qui s'aviserait de lui lancer un regard réprobateur. Une fois, il avait même tenté d'en violer une, pour prouver à tous les témoins qu'il était bien un personnage répugnant, déserté par les derniers souffles du talent au profit de vices délictueux (mais la tentative avait tourné court, Hagens étant homosexuel depuis toujours). La jeune fille en avait été quitte pour un moment de frayeur et, après deux articles dans *Mode Mag* et *HC Hebdo* (« Hagens s'est jeté sur moi comme une bête ! »), pour un début de carrière prometteur. Inversement, en période haute, le créateur voyait débarquer à tout instant des Vénus de Boticelli réincarnées, la moindre pisseuse qui traversait le couloir avait droit à son hommage enflammé, il se jetait à genoux devant des débutantes effarées, se disait aveuglé par leur insoutenable beauté. Une factrice venue apporter des télégrammes s'était retrouvée avec sa dernière mouture de robe de soirée sur les épaules et un top model suédois avait dû repartir chez elle, Hagens ayant trouvé que sa beauté trop pure, directe application de l'immanence divine, ne pouvait qu'être profanée s'il osait poser ses haillons misérables sur cet épiderme sacré.

C'est dans cette atmosphère que débarqua Sonia. À vingt-huit ans, elle arrivait en fin de carrière et l'hystérie ambiante ne la surprit pas. Elle savait que la folie allait monter de jour en jour jusqu'à la soirée libératrice, que les délires de Hagens étaient à peine pires que ceux qu'elle avait vus chez d'autres grands génies, il en fallait beaucoup plus pour l'impressionner. Aussi, quand le créateur tomba dans une extase esthétique dès qu'elle ôta son manteau, en glapissant qu'il avait trouvé sa déesse, qu'il fallait arrêter immédiatement le travail, jeter tout à la poubelle pour se consacrer à une unique robe qui, sur les épaules de ce joyau, serait le sommet de sa carrière, Sonia savait qu'elle n'avait aucune chance d'être prise. Le lendemain, l'aversion du maître serait à l'exacte mesure de son adulation présente, il la jetterait à la rue avec des insultes et peut-être des voies de fait, il avait déjà fait le coup plusieurs fois. Elle soupira et glissa à l'oreille d'Esthelle qu'elle connaissait de longue date : « S'il est déjà comme ça, qu'est-ce que ça va être dans quinze jours ! » L'assistante épuisée hocha la tête et lui fit signe de se taire. Hagens ne tolérait pas la moindre parole chez les modèles et encore moins chez les déesses. Qu'est-ce qui passa par la tête de Sonia à cet instant ? Une immense lassitude, une rage aussi, d'avoir vécu toutes ses années de tourbillon pour se retrouver pas très loin du point de départ, elle n'aurait pu le dire elle-même, toujours est-il qu'elle regarda le créateur dans les yeux et lui parla d'un ton très calme :

– Tu as raison, Rolf. Je ne suis pas un modèle ordinaire, je suis envoyée par ceux que tu ne connais pas pour parrainer ton dernier défilé. Car après celui-là, il n'y en aura pas d'autre.

Hagens s'immobilisa. On ne lui avait jamais parlé comme ça. Le ton, le tutoiement. À chaque collection, il était dans une période de psychologie instable et éruptive, fragile, impressionnable. La phrase obscure lui fit l'effet d'un violent neuroleptique. Comme il restait bouche bée, muet, Sonia enfonça le clou :

– Mais il est convenu que je participerai à ce défilé sans ostentation. Parmi les autres, avec un modèle de la gamme. Pas de mise en vedette ni de particularité pour moi. Travaille, Rolf. Donne le meilleur de toi-même, tu n'en auras plus l'occasion. Je reviendrai la semaine prochaine pour les derniers essais.

Elle tourna les talons et sortit, laissant l'assistance médusée. La plupart éclatèrent de rire, rappelèrent à Hagens que Sonia avait déjà défilé trois fois pour lui, qu'elle était folle, que ses difficultés professionnelles lui tapaient sur le système, mais le patron était secoué. Il ne dit rien et partit s'enfermer dans son bureau. Quand on proposa de rayer Sonia du casting, il refusa.

Jusqu'au jour du défilé, il travailla dix heures par jour, sans la moindre excentricité, sans cris, ni caprice, ni éclats de voix. Il donnait des directives claires et méthodiques à son personnel abasourdi, ne parlait de rien en dehors du travail. Jamais on n'avait vu une telle chose : la semaine précédant l'événement, l'ambiance chez Azara ne fut que laborieuse, consciencieuse et efficace. Une productivité intense sans la moindre fièvre ni la moindre crise. Le jour où Sonia vint essayer ses robes, Hagens resta enfermé tout l'après-midi et ne voulut même pas regarder les autres mannequins. Il ne vit les filles que le soir de la présentation, car ses engagements professionnels impliquaient qu'il donnât sa dernière touche. Quand vint le tour de Sonia, il s'agenouilla, livide, tremblant, et sans un mot, arrangea quelques plis dans un ensemble de printemps particulièrement réussi. Puis il partit regarder le défilé d'une cabine technique, dans les cintres.

Il s'était surpassé, la collection Azara était exceptionnelle, elle fut ovationnée par le public et les journalistes unanimes, mais Rolf Hagens ne vint pas saluer. Quand on le retrouva dans sa petite cabine, il était mort.

Histoire du régiment qui fut démasqué à cause de son uniforme

Les deux randonneurs entamaient la montée vers le fort Saint Jean, un chemin rocailleux bordé de lauriers nains qui escaladait l'ancien glacis. Il faisait chaud, le premier des deux s'arrêta pour jeter un coup d'œil aux bastions qui les dominaient, cent mètres plus haut : dans les vieilles casemates, ils trouveraient ombre et fraîcheur. Il remarqua qu'un drapeau multicolore flottait au-dessus de l'entrée, sans doute une décoration destinée aux touristes, une initiative du syndicat d'initiative pour donner plus de gueule à l'endroit. Après s'être essuyé le front, il se préparait à reprendre sa marche, lorsqu'il vit un éclair sur le bord du rempart. Il entendit une déflagration, un sifflement, son compagnon hurla et tomba à terre. Sous le sac à dos qui avait amorti sa chute, une flaque de sang s'étalait. Paralysé par l'affolement, le randonneur mit longtemps à admettre que quelqu'un venait de tirer sur son ami. Son premier réflexe fut de courir vers le fort où se trouvaient certainement d'autres touristes, pour y demander du secours. Il revit le petit éclair, entendit la même déflagration, et un rocher éclata à cinquante centimètres de ses pieds. C'était sur lui qu'on tirait, maintenant. Il fit demi-tour et dévala le chemin en courant.

Deux heures plus tard, il revint avec deux jeeps de la gendarmerie et une ambulance tout-terrain. Les six gendarmes trouvèrent le corps du randonneur là où il était tombé, tué sur le coup, et montèrent vers le fort l'arme au point, persuadés d'avoir affaire à un accident de chasse dont le coupable devait s'être volatilisé depuis longtemps. À une cinquantaine de mètres du pont-levis, ce fut une véritable salve qui les accueillit. Quand les détonations cessèrent, deux fonctionnaires gisaient sur le chemin, les autres s'étaient mis à couvert.

Essoufflé par l'ascension, l'officier s'appuya contre le rocher d'où l'on embrassait la silhouette du fort et ses alentours. Il tendit une paire de jumelles à l'homme en civil qui vint s'accouder à ses côtés.

– Combien sont-ils, là-dedans ? demanda ce dernier.

– Entre dix et quinze, on ne sait pas.

– A-t-on la moindre idée de la raison pour laquelle ils ont choisi cette ruine ?

– Aucune, M. le Préfet. On n'a pas réussi à les contacter, encore moins à les approcher. Ils tirent sur tout ce qui bouge. Et je me permets de vous corriger : le fort n'est malheureusement pas en ruine, c'est bien ce qui rend notre tâche plus délicate. Ils ont réussi à fermer les portes et à condamner le pont-levis. Pour y pénétrer, il faudra un assaut en règle et la nature du terrain rend l'approche des blindés aléatoire. Sans gros moyens, j'ai bien peur que dix hommes décidés ne puissent tenir très longtemps dans ce bâtiment. Il a été construit pour ça.

– Et l'hélico ?

– Il a pu prendre des photos. On distingue les armes et les vêtements, on a aussi quelques visages, mais les recherches d'identifications n'ont pour le moment rien donné. C'est comme ce drapeau. Lui non plus, on n'a pas pu l'identifier.

Le préfet examina l'étendard puis se frotta les tempes.

– Quelle histoire, soupira-t-il. Qui sont ces fêlés, d'après vous, colonel ?

– Difficile à dire. Dans toute ma carrière, j'ai jamais vu ça.

– Allons, il ne peut s'agir que d'une secte suicidaire, ou d'un groupe terroriste. On va bientôt recevoir une revendication, une profession de foi, que sais-je.

– Des terroristes en uniformes rouges, qui tirent des balles de plomb avec des pétoires du siècle passé, j'en ai jamais vu.

Dans son vieux bureau lambrissé, le professeur Guyot examinait son visiteur par-dessus ses lunettes en croissant.

– Dites-moi si j'ai bien compris, commissaire : une bande de forcenés déguisés réoccupe un fortin désaffecté depuis deux siècles, fait un carton sur les gendarmes, et comme tout le monde est impuissant, vous venez me voir.

Le commissaire toussota.

– Tous les spécialistes que nous avons consultés sont formels : les forcenés qui se sont enfermés là-dedans sont des génies du costume et des accessoires. Tous les détails que nous avons pu étudier, armes, paquetages, projectiles, sont conformes à la réalité historique des dernières années d'activité du fort. Mieux que ça : le plomb des balles que nous avons analysées a la même composition et la même teneur en impuretés que des balles que nous avons récupérées au musée, datant de ces années-là. Bref, vous êtes le consultant historique le plus pointu sur cette époque. Est-ce que cette unité vous dit quelque chose ?

Le visiteur poussa vers son hôte une liasse de photos couleur grand format que l'historien examina l'une après l'autre, les sourcils de plus en plus froncés. Il s'arrêta sur un cliché du drapeau déployé et dit au bout de trois secondes :

– Troisième régiment de voltigeurs royaux du marquis de Bourgnac. On distingue la devise « Mon roy et ma foy ».

Il prit une loupe et scruta une autre photo.

– Ce sont des uniformes du 1er bataillon, si j'en juge par les parements verts. On devrait même pouvoir trouver la compagnie.

Il se leva et alla feuilleter un ouvrage énorme et vénérable, tiré d'une des innombrables étagères de sa bibliothèque.

– Bourgnac... Bourgnac... Ah : 3e régiment. Col jaune, c'est la 2e compagnie. Extraordinaire. Il ne manque pas un bouton de guêtre. Ils sont habillés ici selon les chartes de 1778, c'est-à-dire effectivement l'année où le 3e voltigeurs a été affecté aux ouvrages défensifs de la frontière centre-est. Et vous dites que depuis une semaine, personne n'a réussi à pénétrer dans le fort ?

– Une tentative nocturne effectuée par les brigades antiterroristes, avec gaz, treuils et tout le bataclan, s'est soldée par deux blessés et un mort de plus. On en est déjà à quatre, le ministère ne veut plus risquer une vie, et l'assaut héliporté prévu a été ajourné. Ils semblent terriblement professionnels, ils ont pris en enfilade les endroits stratégiques, ils montent des gardes ininterrompues.

À peine descendu du 4 x 4 de la gendarmerie, le professeur Guyot entreprit d'examiner la bâtisse qui se découpait à cinq cent mètres.

– J'ignorais que le fort St Jean était si bien conservé.

– J'imagine que sa situation à l'écart des routes l'a mis à l'abri des habituelles déprédations, répondit le commissaire. Il ne servait que de but de randonnée à des touristes sportifs. Tenez, voilà monsieur le Procureur.

Les deux hommes se saluèrent et le procureur entraîna l'historien et le policier à l'écart.

– Votre rapport ne nous laisse que deux possibilités : ou bien il s'agit d'un club de ces amateurs hystériques de jeux de rôles en uniformes qui auraient pété les plombs pour des raisons qu'on ignore. Ou bien ce sont des fantômes arrivés en ligne directe des années 1770.

– Vous parlez sérieusement ?

– Vous savez, plus d'un collègue commence à hésiter, renchérit le commissaire. Ces feuilletons télé doivent leur monter à la tête. Certains ont même parlé d'une bulle temporelle qui se serait manifestée à cet endroit, et que ces types viendraient vraiment du XVIIIe siècle. Ce qui expliquerait qu'ils ne répondent pas, car dans ce cas, ils comprendraient à peine notre français moderne. Et franchement, après ce que vous venez de nous écrire, je ne sais plus trop où j'en suis.

– Sans vous offenser, je pencherais plutôt pour la première hypothèse, dit le professeur. Je connais ce genre de pervers, maniaques obsessionnels du détail le plus minuscule, leur lubie peut aller très loin. Voyez-vous, leur vie dans le monde moderne n'a aucun intérêt pour eux, seule compte l'époque de leurs rêves, et ils l'ont ratée. Alors, de là à mourir dans la peau d'un de leurs héros du passé, il n'y a qu'un pas. Une émulation réciproque, un caractère plus fort qui parvient à les entraîner… Quel plus beau suicide rêver qu'une parodie de siège ? À un certain stade d'hystérie, les victimes innocentes ne les arrêteraient pas, comme nous l'ont prouvé certaines folies collectives récentes.

– Sauf qu'on a épluché tous les clubs de jeux de rôles, sociétés historiques, associations de collectionneurs, en vain, objecta le commissaire. Pourtant, un club entier qui disparaît d'un coup, ça ne devrait pas passer inaperçu.

– Il y a un seul moyen de le savoir, dit le professeur. Donnez-moi un mégaphone et un gilet pare-balles.

Le professeur rampait à l'extrême limite de la portée de voix. Il leva son mégaphone juste au-dessus d'un rocher, sans s'exposer.

– Ohé du château, vous m'entendez ? Je suis le professeur Guyot, spécialiste des armées royales françaises de 1750 à 1790. Je suis désolé de vous l'apprendre, mais votre uniforme comporte une erreur.

– Ils ne tirent pas ! souffla le commissaire. Ils vous écoutent !

– La compagnie affectée au fort St Jean était bien la 2e. Mais en cours de reformation, son enregistrement était provisoire. Elle portait donc le col bleu à liseré rouge et non le col jaune. Il n'y a jamais eu aucun col jaune sur le fort St Jean.

Un silence de mort flotta pendant plusieurs minutes puis une voix jaillit du premier bastion :

– C'est impossible !

Histoire des sous-mariniers qui ne savaient plus où ils en étaient

Notre sous-marin s'appelait *U224 B7-12* et nous étions bloqués depuis déjà trois jours quelque part dans la baie d'Helgoland, au large de Hambourg.

Nous reposions sur un plateau à la limite des pressions supportables pour notre submersible et tant que la marine ennemie patrouillait au-dessus de nos têtes, il n'était pas question d'en partir. Une première série de grenades avait amoché un de nos moteurs, nous ne pouvions plus prendre aucun risque. En l'occurrence, le moindre bruit intempestif aurait révélé notre présence aux sonars ennemis, donc : ni moteur ni radio, et nous ne pouvions parler qu'en chuchotant.

Nous n'avions plus que pour quarante-huit heures d'oxygène. Déjà, sous l'effet de la pression, certaines superstructures commençaient à se déformer. Faute de moteur, notre seule lumière était celle des veilleuses de sécurité et le seul bruit qui venait troubler notre silence forcé était celui des corvettes de lutte anti-sous-marine dont les diesels étaient parfaitement audibles lorsqu'elles passaient à la verticale au-dessus de nous.

Mais il y avait pire : depuis soixante-douze heures, nous entendions un léger bom-bom, sourd et mou, qui venait de la tourelle. C'était Berthelet. Quand nous avions plongé, c'était en catastrophe et Berthelet n'avait pas eu le temps de rejoindre l'écoutille. L'ennui, c'est que sa ceinture était restée accrochée à la rambarde de la tourelle et il avait plongé avec nous, mais à l'extérieur. Et son cadavre, ballotté par les courants, venait frapper l'acier du pont à intervalles réguliers, comme s'il suppliait qu'on lui ouvre.

Il y avait de quoi devenir fou, et c'est ce qui se passait. Dès les premières vingt-quatre heures, le jeune Favereau avait craqué dans la meilleure tradition des clichés habituels : il voulait revoir sa mère, les vertes prairies et pisser un coup dehors, il nous jurait qu'il allait revenir. Lorsque nous parvînmes à le maîtriser, il était en train de déverrouiller le volant de la trappe de sortie. Puis il y en avait eu d'autres et notre provision de sédatifs s'épuisait. Il ne restait plus comme solution que de les bâillonner et de les attacher. Mais le plus terrible était qu'il fallait repérer ceux qui allaient craquer avant qu'ils aient eu le temps d'hurler : le moindre cri pouvait nous trahir. Chacun épiait tout le monde, prêt à sauter sur le premier dont le comportement paraîtrait suspect.

C'était à la fin du troisième jour que le quartier-maître Schlumpf était venu me voir, alors que je sommeillais sur ma couchette. Il voulait me parler à l'abri des oreilles de ceux qui partageaient ma cabine. Intrigué, je le suivis, mais son air agité ne me disait rien qui vaille. Surtout que, lorsque nous trouvâmes un coin désert près des soutes à vivres, il expliqua qu'il voulait me parler de détails si incroyablement étranges et inexplicables qu'il commençait à douter lui-même de sa raison. Et quand il m'exposa la première bizarrerie qu'il avait remarquée, je pensai qu'effectivement, il allait débrayer lui aussi. C'était à cause des craquements, chuchota-t-il. Résultat de l'effet conjugué des courants variables et de la pression énorme, nous les entendions depuis trois jours. Et Schlumpf commença à se lancer dans une explication technique quasi démentielle d'où il ressortait que d'après ses connaissances étendues des structures d'un sous-marin, des zones de faiblesse et de contrainte, les craquements se produisaient là où ils n'auraient pas dû se produire et non là où on aurait pu les attendre. Dans l'obscurité, il ne voyait pas mon expression, aussi il continua.

Ce n'était pas tout. Nous avions été touchés par une grenade au moteur auxiliaire bâbord. J'en convins. Or, expliqua-t-il, pour atteindre le moteur, l'explosion avait dû obligatoirement traverser un caisson étanche voisin et celui-ci devait donc se trouver rempli d'eau. Or, il avait vu, de ses yeux vu, le capitaine sortir par la porte de ce caisson lors d'une inspection. Il était complètement anormal que le caisson ne soit pas inondé, sa porte condamnée.

Mes mains moites commençaient à serrer nerveusement le foulard que j'avais emporté en prévision de la crise inéluctable, lorsque le troisième fait que m'exposa Schlumpf me troubla réellement. Il s'agissait de Berthelet. De feu Berthelet. Comment savait-on que son cadavre était resté accroché à la rambarde de la tourelle ? Par le périscope ! murmurai-je en haussant les épaules avant que ces mots ne s'étranglent dans ma gorge. Schlumpf n'eut pas besoin de continuer. Je me rappelai : le périscope avait été atteint dès les premières salves, il était hors d'usage quand nous avions plongé. Or, sans le périscope, reprit Schlumpf, il était absolument impossible de voir l'extérieur de la tourelle.

– Qui le premier a prétendu que c'était Berthelet ? demandai-je.

– Le capitaine, répondit-il.

Le détail suivant était encore plus stupéfiant. Dans la cabine de commandement, tout le monde pouvait voir l'aiguille du profondimètre bloquée dans le rouge à moins 125 mètres. Or, la nuit dernière, profitant du relâchement complet de la garde, Schlumpf avait démonté le dispositif, pris d'un soupçon très proche de la folie, précisa-t-il. Un simple bout de papier collant bloquait l'aiguille à l'intérieur de l'appareil. Lorsqu'il l'avait enlevé, l'aiguille était remontée à zéro. Il avait tout remis en place et avait attendu plusieurs heures avant de venir me parler.

J'étais étourdi. Mais Schlumpf continua : il me dit que seuls le capitaine et le second avaient utilisé le périscope depuis le départ de Brest, que seuls le capitaine, le second et Berthelet étaient sortis sur la tourelle lors de l'émersion, que seuls le capitaine et le second avaient été constater les dégâts du moteur auxiliaire.

Il y avait longuement réfléchi, une seule conclusion était possible : nous n'étions pas bloqués à moins cent vingt-cinq mètres, nous n'avions même jamais plongé, même jamais quitté Brest. Les mouvements devaient être imprimés par une grue qui soulevait le sous-marin, tous les bruits étaient artificiellement produits à l'extérieur, et seuls le capitaine et son second étaient complices de cette incroyable mise en scène. Mais, et la guerre ? objectai-je faiblement. Quelle guerre ? répondit-il. Elle a prétendument éclaté quand nous étions en mer. Le radio nous a montré les communiqués, mais quelle preuve ? Quand nous sommes partis, il n'y avait pas la moindre tension internationale ! Mais alors, pourquoi ? m'écriai-je. Pourquoi ?

Schlumpf me serra le bras pour me contraindre au calme. Il vérifia que mes cris n'avaient pas attiré l'attention et continua : une expérience de survie, cruelle, inhumaine. Pas d'autre explication logique. Des micros cachés devaient enregistrer toutes nos réactions, le capitaine devait communiquer régulièrement un rapport descriptif. Dehors, derrière la cloison, des laboratoires analysaient certainement les moindres détails de nos comportements. Le tout assurément entouré du plus grand secret militaire. Peut-être à la sortie aurions-nous droit à de gros dédommagements, pour nous forcer à la discrétion. Que pouvions-nous faire ?

demandai-je. Aller voir le capitaine, lui dire que nous n'étions plus dupes ? Non, objecta Schlumpf. Dans l'état actuel de l'équipage, il n'aurait aucun mal à nous maîtriser et nous faire enfermer pour assurer le bon déroulement de l'expérience. Il fallait attendre la fin du calvaire et les faire cracher à la sortie. J'opinai, en même temps qu'une autre hypothèse s'imposait à mon esprit.

Si Schlumpf avait tort et qu'il soit réellement devenu fou ? En dehors de l'énigme Berthelet, tout le reste, c'était lui qui l'affirmait. D'une façon ou d'une autre, je devais vérifier. N'étant pas officier, je ne pouvais contrôler l'histoire du profondimètre, faute d'accès justifiable, mais il restait le caisson étanche. Il n'existait aucun autre moyen de savoir s'il était inondé que d'ouvrir la porte étanche, mais s'il l'était, je risquais d'inonder une autre partie du sous-marin, de me noyer moi-même. Devant la porte métallique, je restais longtemps immobile à considérer le volant d'ouverture. Puis je le saisis et peu à peu le dévissai.

Avouez que vous aimeriez bien savoir.